Chinese porcelain,
European style

中国瓷器欧洲范儿

——南昌大学博物馆馆藏中国清代外销瓷

余春明　编著

生活·讀書·新知　三联书店

图书在版编目(CIP)数据

中国瓷器欧洲范儿：南昌大学博物馆馆藏中国清代外销瓷/余春明编著.
--北京：生活 · 读书 · 新知三联书店，2014.1
ISBN 978-7-108-04345-0

Ⅰ. ①中… Ⅱ. ①余… Ⅲ. ①古代陶瓷-介绍-中国
-清代 Ⅳ. ①K876.3

中国版本图书馆CIP数据核字(2012)第280474号

责任编辑 张 荷
装帧设计 蔡立国
责任印制 郝德华
出版发行 生活 · 讀書 · 新知 三联书店
(北京市东城区美术馆东街22号)
邮 编 100010
经 销 新华书店
网 址 www.sdxjpc.com
印 刷 北京盛通印刷股份有限公司
版 次 2014年1月北京第1版
2014年1月北京第1次印刷
开 本 787毫米×1092毫米 1/16 印张 23.25
字 数 80千字 图509幅
定 价 320.00元
(印装查询：01064002715；邮购查询：01084010542)

目　录

前 言

“中国”的英文名字 CHINA 的小写，就是瓷器的意思。这种家喻户晓的称呼，很是让我好奇：一个泱泱大国的名字竟由一种源远流长、历久弥新的文化产品来命名，可见这种文化产品在当年是何等地震撼这个世界！历史上到底有着一种什么样的陶瓷文化的冲击波，使“CHINA”真正蜚声中外。我和各位参观者一样地好奇，想一探究竟。这个展览将带着我们走进两三百年前，去一探当年中国陶瓷文化对世界的巨大冲击。相信大家看完这个展览之后，好奇心将会得到满足。

瓷器是中国古代伟大的发明。现在我们日常生活中使用的瓷器，在各项发明中是工艺复杂、难度非常之大的一项发明。自东汉年间中国发明了瓷器以后，唐代就开始有了中国瓷器的外销，而欧洲各国，是在中国这项伟大的发明一千多年后，也就是 1708 年才研发出瓷器。在这之前，意大利文艺复兴时期佛罗伦萨的梅第奇公爵就请了许多的炼金术士来研制瓷器，而最后还是德国的科学家封・茨恩豪斯和一位炼金术士合作破解了中国瓷器的配方，才研制出瓷器。

瓷器是经久耐用、物美价廉的日用品，又是文化的载体。当年风靡欧洲上层社会的中国外销瓷，不仅仅有日用品，更有大量的陈设和艺术瓷器。它们有欧洲各国的东印度公司组织订制的各类瓷器，也有从国王大臣、贵族家庭以及一般中产阶层家庭的私人订单瓷。

它们记载着中国的文化历史故事和传统纹样，更把中国文化中的象征文化因素传到了西方，被西方大众所喜爱。此外还有如同中国家谱一样的欧洲家族的纹章瓷，还有表现西方的历史宗教、神话故事的艺术瓷。更有趣的是，有一些当时发生的新闻事件也被记录在瓷器上面。

由于西方人的兴趣，当年清朝官员的家庭生活及在各种不同场合上的画面（俗称“满大人”纹饰），被留在了外销瓷中，让我们对清朝的生活有了直观的认识；还有一些西方化的生活场景，也在订制的外销瓷中得到了体现。外销瓷艺术性与写实性兼具的画面，让两三百年中西合璧的文化交流显得清晰如昨，不再那么遥远。

可以说，除了纸张和印刷术的发明之外，还没有任何一项发明，作为文化的载体在图像的记录上有中国外销瓷这么丰富多彩。

限于场地，这里展出的一百五十多件产品，是从南昌大学众多的外销瓷藏品中精选出来的。它们从一个侧面反映出了中国外销瓷的部分类型，更是整个中国明清外销瓷的沧海一粟。从这一小小的展览中，我们不仅惊叹先辈艺术家精湛的技艺和极高的艺术水平，更为在江西这块红土地上能产生如此震撼世界的艺术而自豪。作为这块土地上的高等学府，南昌大学将努力成为中国外销瓷这一崭新研究领域的拓荒者。以后我们还将陆续推出外销瓷的各分类展览，将中国的外销瓷研究推向深入，使南昌大学成为外销瓷研究的学术重镇。

欧土重华瓷

自东汉发明以来，中国瓷器历经了汉唐以来“南青北白”，宋代的五大名窑（哥窑、官窑、汝窑、定窑、钧窑）和磁州窑刻画花卉纹饰及人物，元代青花和釉上彩的红绿彩绘制的各类纹样，直至明代的青花五彩和斗彩等釉上、釉下结合的一个过程。这个过程代表了不同朝代的审美趣味，展现了一个工艺不断进步、纹饰表现越来越丰富的过程。到了明末清初，中国瓷器的技艺达到了非常成熟的高度。这一时期也是中国外销瓷陶瓷技术和艺术结合的完美时期。在那之前，瓷器外销欧洲已经历了近一百年的历史。

公元1498年，葡萄牙探险家瓦斯科·达·伽马（Vasco da Gama，1469 ~ 1524年）到了印度，成为历史上第一个到达印度的欧洲人。1514年，葡萄牙人到达了广州。1557年明朝嘉靖皇帝同意葡萄牙人在澳门定居，正式开始了欧洲和中国的贸易。

欧洲各国的东印度公司是唯一的官方批准与中国进行贸易的欧洲公司。英国、荷兰、丹麦、法国、瑞典分别在1600年、1602年、1616年、1664年、1731年成立了东印度公司（图一）。我们所说的明清外销瓷，百分之八九十都是通过东印度公司进行的贸易瓷。到1833年，欧洲各国的东印度公司全部解体，所以严格地讲，明清外销瓷，应该是1514年到1833年这三百年间的贸易瓷，其中比较多地集中在清代顺治到乾隆（1644 ~ 1796年）这一百五十年

图一　英国东印度公司总部大楼　图片选自 David S. Howard 编著的 *The Choice of the Private Trader*

图二　广州十三行景　44.3 厘米 ×69.7 厘米　1760 年中国艺术家画　图片选自 David S. Howard 编著的 *A Tale of Three Cities Canton, Shanghai & Hong Kong*

之间（图二）。

外销瓷又分私人贸易瓷和公司贸易瓷两种。

私人贸易瓷以家族纹章瓷为主。家族纹章瓷由各国不同的家庭订购，东印度公司代为订制和运输。这一部分瓷器的品质都很高。订购人的身份、地位越高，瓷器的品质越好；更有不少皇帝订购的瓷器由皇室指派专人前往中国订制，如法国路易十五家族纹章瓷（图三、图四），就是由宰相派专人到中国监制的。

现存的一些英国私人订单，非常清楚地反映出整个订制的过程，如英国贵族托维尔家族（Tower）订制的纹章瓷（图五），不仅有文字订单，还有放在镜框中的彩色纹章的图像订单（这是首次采用彩色画稿的订单，欧洲家族的纹章大多是银制的，图六、图七）。当订单到了中国后，由一位名叫“刀仔”的广州商人译成中文，并嘱咐说“活照配”（图八）。这个订单连同画稿一起到了江西景德镇，由景德镇艺人按订单图案的要求绘制瓷器。在文字订单中交代要做的器形和数量（有些器形会做成木制模型），图案订单主要是画面的内容。

图四　KING 的纹章标志　图片作者提供

瓷器做好后，要运到欧洲。在 18 世纪中期以前，一般由广东、

图三　法国路易十五纹章汤盘　1725 ~ 1730 年，34.6 厘米
图片选自 *S. Marchant & Sonrecent Acquisitions 2009*

图五　托维尔家族纹章瓷　粉彩，1728 年，23 厘米　作者私人收藏

图六　托维尔家族纹章瓷的设计稿　该设计稿是画在一种透明的动物皮上，现由安吉拉·霍华德保管　作者拍摄

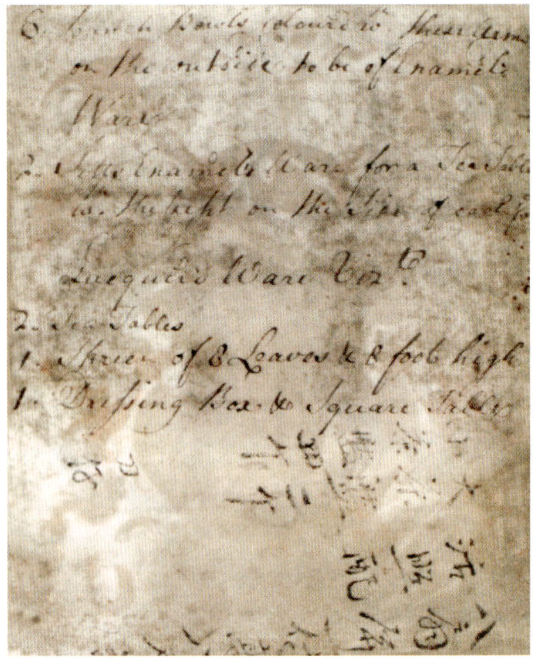

图八　托维尔家族纹章瓷订单　材料是一张皮，通过文字可以看到皮的背面是纹章图案　作者拍摄

福建出海。在景德镇装船以后，进入鄱阳湖进赣江到达赣州，走梅岭古道到梅州、韶关一带入海。到了18世纪中晚期，釉上彩多由景德镇运出白胎素瓷到广州彩绘，俗称“广彩”。釉下青花在18世纪晚期多用于成套餐具，但这段时间的青花瓷私人订单已经非常稀少。青花瓷在景德镇装船后经鄱阳湖到湖口，接受清政府口岸检查，再进入长江交与外国的商船或买办的船只，由长江到南京，在南京入库，再发到广州、上海一带，最后运至欧洲。这些青花日用瓷由于是从南京发货，被习惯称为“南京瓷”（**图九**），南京瓷样式同时也在国内销售。

图七　托维尔家族纹章银质，1728年

到了广州以后，装瓷器的商船多停留在叫“琵琶岛”的地方。英国东印度公司的船大约在6月底7月初来广州，十一二月返回欧洲。荷兰东印度公司的船大约在1月来广州，十一二月返回。

东印度公司的船长们大多是有相当地位的贵族（**图十**），而且还具有与中国人沟通的语言能力，他们一次可以携带公司10%的私人贸易商品。普通英国人一年的生活费只有五英镑，船长光捎带乘

图九　江西丰城出土的道光年间南京样式瓷盘　图片作者提供

图十　中国外销画中的英国人　南昌大学博物馆提供

图十一　英国东印度公司拍卖版画　图片来自 *Monsoon Traders*

客往返这一项就能赚一万多英镑，更不要说10%私人贸易的利润了。

为了获取税收，英国东印度公司采取上岸拍卖（**图十一**）的方式来销售瓷器。英国东印度公司是众多东印度公司中管理最为严格的。

公司贸易除了一般订购中国内地样式的纹饰瓷之外，大多会根据欧洲室内装饰的需要改变原来中国的器形。许多的陈设瓷被加以金属装饰，以更加适合欧洲贵族豪宅的氛围。较为典型的改造中国陈设瓷的例子，是将三个将军罐和两个直筒敞口花觚组合在一起，并将其造型稍作改变，或在将军罐的盖子上加上动物雕塑的盖纽。这五件一组的花瓶组合在英语、法语、德语中都称为“garniture”，也就是室内陈设的意思，可见这种组合花瓶对欧洲家庭陈设的重要。这种组合瓶多放在欧洲家庭的壁炉上。

欧洲东印度公司为了在其国内销售中国瓷器，他们将许多的西方油画和版画送到中国来，要求景德镇的陶瓷艺术家按照画中的样式临摹到瓷器上，或由各国的东印度公司专门设计订制的瓷器纹样。比如由荷兰东印度公司请著名的设计师克里斯·普龙克（Cornelis Pronk，1691 ~ 1759年）设计的几个著名图案中的一个，总共做了1279件，其中9寸的盘子共有432件。

早期销往西方的样式大多是青花瓷，其中有一种特别的样式被称为“克拉克瓷”。这一名称来自公元1602年，荷兰东印度公司在海上捕获一艘葡萄牙商船——“克拉克”号而得名。船上大量来自中国的青花瓷，是周围多个开光图案围绕着中心一个主图案的样式。这种样式的瓷器被后人称为“克拉克瓷”（**图十二**）。

还有一种样式叫做“伊万里瓷”。这种纹饰来自日本。由于康熙元年实施长达22年的海禁（1662 ~ 1684年），西方各国都将瓷器贸易转向日本的九州，“伊万里”这一名称是日本九州的一个港口名字。伊万里风格多为釉下青花和釉上五彩或粉彩结合的一种不对称的图案样式，也有很多矾红加金的釉上彩，特点比较鲜明（**图十三**）。

有一种花卉图案被叫做“烟叶瓷”。其实和烟叶没有太大关系，这种纹饰中有一些大叶子，有点像烟叶，但主要的部分都是画着一种叫“西番莲”的花卉。有些图案组合上加上了孔雀和其他的一些

图十二 青花克拉克瓷 明崇祯，1640 ～ 1644 年，29.2 厘米 Ronald W. Fuchs II in collaboration with David S. Howard 编著的 *Made in China* 第 21 页

图十三 伊万里家族纹章瓷 1720 年，22.2 厘米 Ronald W. Fuchs II in collaboration with David S. Howard 编著的 *Made in China*

图十四 烟叶瓷，雍正，1740 年，32.9 厘米 图片南昌大学博物馆提供

图十五 蓬皮杜夫人汤钵 1745 年，长 26.7 厘米 图片选自 David S. Howard 编著的 *Made in china*

花卉组合（**图十四**）。

著名的蓬皮杜夫人瓷非常优美。据说该图案来自法国路易十五的情妇蓬皮杜夫人，她也是法国洛可可绘画风格的代表人物布歇的学生。她设计了一种美丽的花纹，加上一些水草和金鱼的组合，大多用在纺织品上。在外销瓷中，蓬皮杜夫人纹样（**图十五**）数量比较少。

由于文化的差异和外销瓷涵盖的丰富内容，外销瓷的纹样非常复杂而且多变。对于十七八世纪景德镇的艺人来说，它不仅要画一些自己不熟悉的西方立体光影的画面，还要把中国传统的纹样画得色彩富丽斑斓。丰富而精美的外销瓷，承载着中西方文化融合的结晶，又体现了中国古代艺术家高超的技艺，同时又是中西文化与历史的见证，其中承载的文化内涵与价值是其他任何一种文化载体都无法相比的。

外销瓷的类型

纹章瓷

纹章瓷是外销瓷中一个十分重要的部分，私人贸易订单瓷大部分是纹章瓷。

纹章是专属于个人、家庭或团体的标志，欧洲中世纪起就有了纹章体系。最早是在战场上，人们从头到脚都被头盔和甲胄遮盖着（**图一**），骑士们只有从盾牌的图案上来识别敌友，盾牌的图案就是纹章。十字军东征时，有成千上万个领军和团体加入东征的队伍。要识别这些不同团体，纹章起了很大作用。由此纹章就从识别的作用成为代表家族、个人或团体的符号象征（**图示**）。

依照欧洲的传统，家族的纹章只能由长子完整地继承，因此，每一个完整的家庭纹章出现时，就证明此人是家中的长子。而每经过一次婚姻，都要由女方的家族纹章和男方的个人身份、地位（主要从头盔中识别）及家族纹章三个方面组合成一个新的纹章。如果找到他们结婚的时间，就能给纹章瓷断代。一般而言，以此方法断代，时间准确，误差不超过两三年。

纹章的色彩为两类，一类是金属色，包括金、银两色；一类是普通色彩，主要是蓝、红、黑、绿、黄和紫色，紫色用得不多，金、银、白是通用的。为了色彩鲜明而强烈，易于识别，相近色一般不放在一起，比如黄色不和绿色放在一起，金色和银色不放在一起，红色和紫色不放在一起，等等。大部分纹章瓷的图案以动物为主体，占

图一　西方人的盔甲　图片由作者拍摄于大英博物馆

整个纹章的三分之一。动物中，老鹰、狮子用得最多，老鹰大多都展开双翅，狮子一般是侧面站立。各类动物都有它的象征含义，比如狮子象征勇气、高贵和雄壮，是王者的象征；老鹰象征勇敢、智慧，熊和狼象征勇猛、顽强，等等。

18 世纪在中国大量订制的纹章瓷，给西方的纹章学留下了一份宝贵而丰富的纹章资料。在整个清朝二百多年中，大约有六千个纹章瓷的订单，其中英美最多，有纹章瓷订单四五千个，荷兰有四百至六百个，法国有二百八十个，西班牙有七十五个，瑞典有四百多个，葡萄牙有二百五十多个。可以说，中国的纹章瓷给欧洲纹章记录提供了一个特别的载体，而纹章又给中国的瓷器贸易提供了一个反映社会文化、贸易变化的记录，以及中国瓷器在各个不同时期的风格特征的断代依据。

纹章的图示

男爵的完整纹章

徽章名：Argent a chevron，a crescent for difference

护兽的徽章两旁由带月牙标志的狮子和鹰守护。下方是箴言："Stand Sure（信念坚定）"。

纹章的冠和盾牌上常见的动物和怪兽的姿势

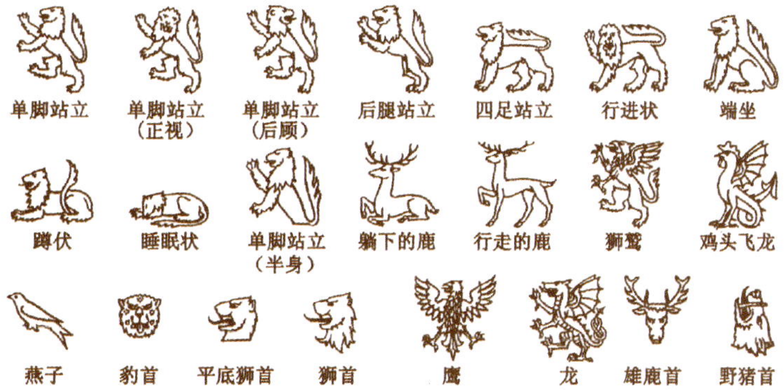

头盔的样式和含义

贵族的皇冠

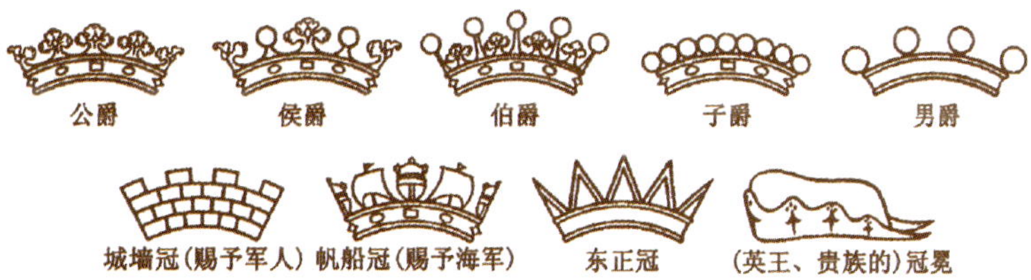

盾牌的分隔方式

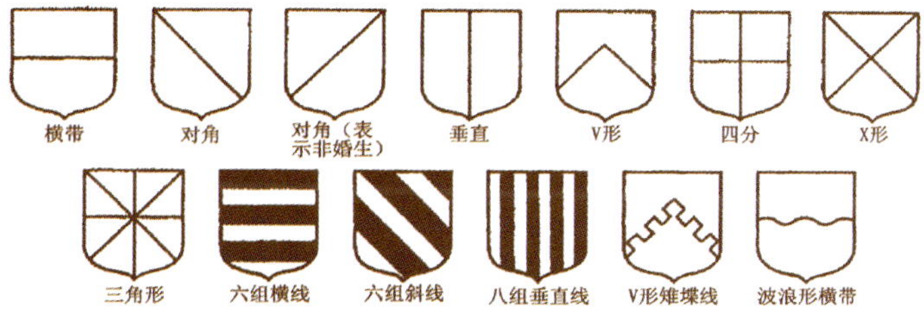

圆形

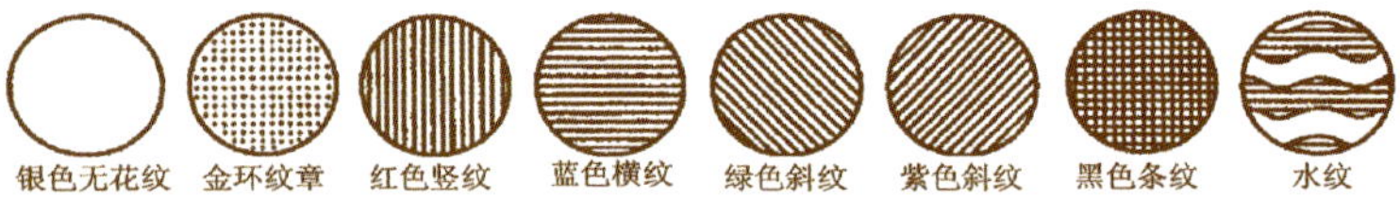

十字架

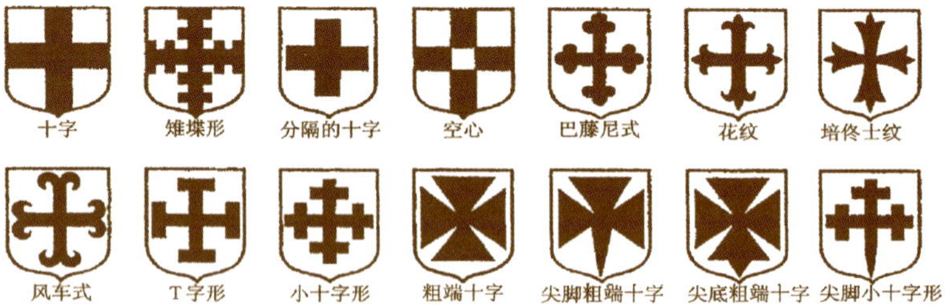

盾牌的分隔线

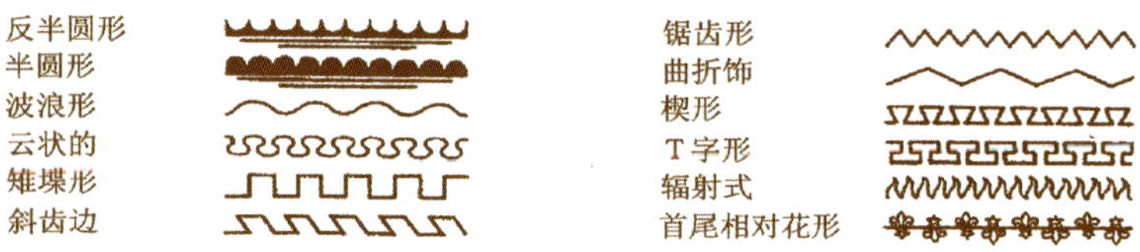

盾牌上的纹章组合及含义

简单的徽章，象征家族中第二个儿子的男性后代

家族中的已婚男性子孙，或已婚的女性继承人

象征男子和其妻子（没有被后代沿用）

并排摆放的徽章

已婚男性的徽章，其妻子为家族徽章继承者

未婚的女儿

男性子孙和妻子，其妻为家族徽章继承者

寡妇

后裔的印记

纹章的色彩与形式

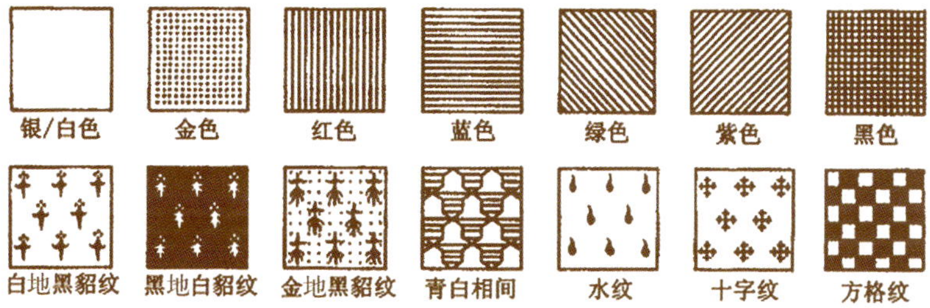

简洁样式（及次要纹章）

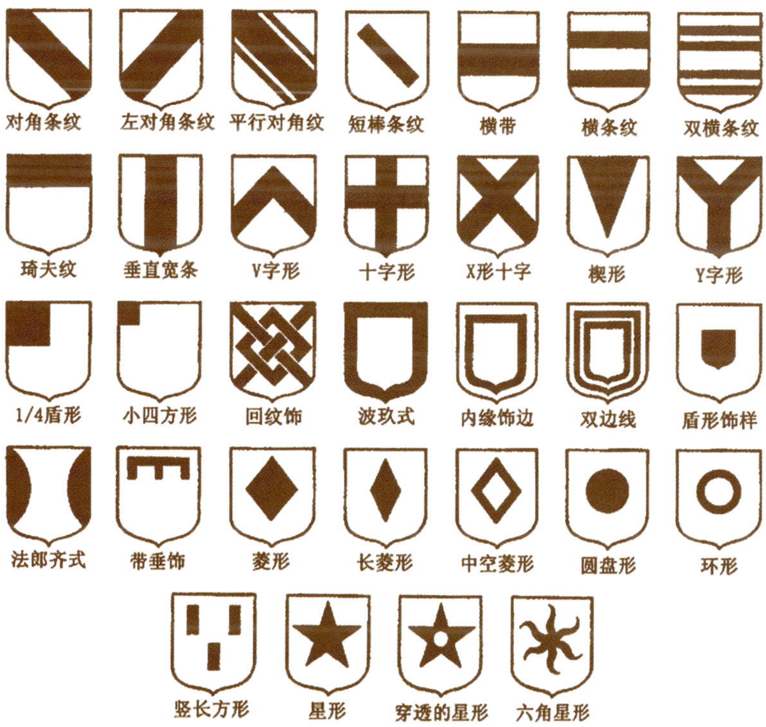

南昌大学博物馆馆藏纹章瓷器

1 约翰内斯·坎普斯（Johannes Camphuijs）家族纹章瓷盘
康熙青花瓷盘，1690 年，25.2 厘米

1-1 宋代定窑瓷盘由于是芒口覆烧的，所以要用铜包出圆边，元代有用瓷器仿制这种圆边的青花瓷盘

出自最早的一批荷兰外销瓷订单，由荷兰贵族约翰内斯·坎普斯家族订制。盘的边缘有一道凸起来的圆边（图 **1-1**），这种折沿盘是中国宋元时期的一种盘形，明代以后用得很少，康熙海禁时期日本有仿制，开禁后又传入中国。这种盘形的纹饰中间部分有人物场景和山水几种样式，主要特点在边饰，边饰为侍女、树、石等纹样。这些纹样是中国传统瓷器的纹饰，康熙时有的官窑器上也有。此盘子的背后、底部及周围绘有漂亮的花卉，这是康熙外销瓷中比较精美的一种（图 **1-2**）。这个纹章样式很特别，大部分以海浪为纹饰，盾牌和冠的一部分是一只拿着锤子的手，象征着力量和能力。

1-2 瓷盘背面图

约翰内斯·坎普斯（图 **1-3**）出生于荷兰的哈勒姆，曾做过银器匠，所以在纹章设计中有了一把银锤子。1654 年至 1655 年，他作为一般商人加入荷兰东印度公司，由于才能出众，很快就被提升为高级主管。他曾负责过三年荷兰在日本的贸易业务，并对日本文化有着浓厚的兴趣。因此，他在印尼的住宅建有日本风格的建筑和园林。约翰内斯·坎普斯于 1684 年至 1691 年担任印尼巴伐维亚总督一职，1695 年死于印尼。

著录于 *Armorial Porcelain for the Dutch Market* 第 105 页。

1-3 荷兰东印度公司总督约翰内斯·坎普斯版画像 来自网络

2　皮尔格罗姆（Pelgrom）家族纹章瓷盘
康熙青花纹章瓷盘，1700 ~ 1710 年，39.2 厘米

2-1、2-2、2-3　皮尔格罗姆家族纹章瓷盘
康熙青花纹章瓷盘，1700 ~ 1710 年，39.2 厘米　*Chinese Armorial Porcelain for the Dutch Market*

这件青花瓷盘上大多数是缠枝莲花花卉，中心是一株牡丹花卉，是一只小鸟站在一块石头上，边饰上有三组兰花和四组莲花纹饰，盘子的背面是三株大的折枝花卉。如同大部分早期的纹章瓷订单一样，这个纹章的画法也不是很精确，头盔看起来更像花卉。朝圣者像一名中国人，当时中国画家对西方的家族纹章和人物形象都不太熟悉。但景德镇艺术家对传统纹样的绘画得心应手，所以这件瓷盘画得十分生动流畅，几个盘子画面虽然有些小区别（见图 **2-1**、**2-2**、**2-3**），但它们都属于同一批生产的，可能是不同画工画的。

这个纹章首次出现在一封 1577 年的贵族信件上，是为雅克布·皮尔格罗姆（Jacob Pelgrom）设计的，他是名胡格诺（见附注）教徒，1681 年结婚，至少有四个孩子。1698 年，他被任命为荷兰东印度公司驻孟加拉的副主管，从 1701 年到 1705 年，任驻孟加拉的主管。1708 年后，他到了巴达维亚，直到 1713 年去世。在此期间，他主管当地的税务部门并从事了许多官方活动。他的小女婿之后也成为驻孟加拉的主管。这只盘子大概是他任孟加拉的主管后定的，或者是 1708 年后他在巴达维亚定的。

著录于 *Chinese Armorial Porcelain for the Dutch Market* 第 108 页。

附注：法国宗教战争（les Guerres de religion），又名胡格诺战争。16 世纪 40 年代，加尔文教开始在法国传播，称为胡格诺教。法国南部的大封建贵族信奉加尔文教，企图利用宗教改革运动来达到夺取教会地产的目的。他们与北方有分裂倾向的信奉天主教的大封建贵族有深刻利害冲突，最终演变成长期内战。连续八次的天主教和新教的激烈对抗，对 16 世纪的法国造成了破坏。

3 （上）沃克（Walker）家族纹章瓷盘
康熙青花五彩描金，1712 年，24.1 厘米

（下）索姆（Somer）家族纹章瓷盘
康熙青花五彩描金，1715 年，22.5 厘米

3-1 1521年出版的古书中的插图 其边饰为卷草纹 来自大英博物馆

3-3 沃波尔（Walpole）家族纹章瓷盘 1715年，他继索姆家族之后同样复制了沃克家族的纹章瓷边饰

沃克瓷盘中心有一个圆形纹章，毫无疑问这是纹章的核心部分。盾牌中心是一个V字形的分隔线和上下三个太阳状圆形。盾牌四周卷草纹样由红色和金色组成。边饰上的卷草纹来自古代罗马传统（图**3-1**、**3-2**）纹饰。边饰中有四个正在升起的太阳，是该家族纹章冠的部分。这是康熙年间极为少见的包括边饰在内完全西方设计的纹章瓷。

沃克是一位法学博士，辩护律师。

通常来说，纹章瓷中的家族纹章有两种应用方式：一种是艺术性的纹章，另一种是严格意义上的代表家族的纹章。所谓艺术性的纹章就如同这个家族纹章冠的部分，它没有整体地放在家族纹章里面，而是被艺术地处理在边饰的卷草花纹中间，成为边饰纹样的一部分。在几年以后，沃克有个同事非常喜欢他的纹章瓷边饰，复制了他的纹章边饰在自己的家族纹章瓷中，连同这个家族纹章的冠也一起复制了。这时，这个纹章瓷的冠连同边饰就成为一种纹样，而没有任何家族含义。有意思的是，这个纹样后来还有人仿制（图**3-3**），并影响了中国的官窑。

著录于*Chinese Armorial Porcelain II*第134页，*Made in China*第42页，*A Tale for Three Canton Shanghai & HongKong*第97页。

3-2 银盘边饰 1737年，伦敦制造 来自佳士得拍卖行2010年1月26日拍卖图录

4 安斯沃斯（Ainsworth）家族
纹章瓷盘
康熙青花五彩描金，1718 年，
25.3 厘米

4-1 图画订单

这是典型的康熙晚期的五彩瓷，瓷质坚硬，五彩的颜色清透。这件五彩纹章瓷，除了纹章部分之外，几乎都是中国传统纹饰。内边纹饰中有四个开光，和锦地菊纹结合，是康熙五彩中常见的边饰之一，外边沿上的仙鹤云纹、菊花也是康熙五彩常见的手法。瓷盘中心大面积的纹章画得十分精致，尤其是盾牌中心的红色画得滋润而均匀。盾牌上是三件兵器，纹章的护饰部分采用当时西方人常用的卷叶纹样。纹章中的冠是一个扛着兵器的人，也是被分离出来，放在了上面的边饰中。该家族纹章瓷有图画的订单。从图画订单中我们看到，这个冠的部分原本是连在盾牌上面的，后来工匠改画上去还是订制人要求把冠画在上面就不得而知了。现在能见到的1720年以前的外销瓷订单，只有四十多个，这是为数不多的五彩纹章瓷订单（图**4-1**）。

这个订单出自英国贵族安斯沃斯家族，很可能是为安斯沃斯和他的妻子安·施尔沃德（Ann Shearwood）所制作的。他们于1693年结婚，这是他的第二次婚姻。但是，从纹章中却看不出婚姻。这个纹章在他们位于印度城堡的门栏、马车和银器及书签等地方都能找到。安斯沃斯订购这个盘子主要用作晚餐餐具。

因为发现了订单，上面画有该家族的纹章，我们才确定这件纹章瓷的主人。这个图画的订单也和俄国沙皇以及英国皇家的宫廷画家家族纹章瓷订单在一起。所以，这个家族应该是个显赫的贵族。

著录于 *Chinese Armorial Porcelain I* 第188页，*Made in China* 第43页。

5 斯坦利・格兰维勒（Stanley Granville）家族纹章瓷盘
康熙青花五彩描金，1720 年，
22.5 厘米

5-1 出自荷兰斯科顿与赫根堡（Scholten Impaling Hogenberg）家族 图片作者提供

5-2 伯维尔·格兰维勒爵士，1596～1643年 图片来自维基百科

这是英国斯坦利家族的纹章，盾牌一分为二，左边是男方的家族纹章，有三只金色的雄鹿头排列在针状的蓝色绶带上，还有一个王冠。右边是女方家族的纹章，画的是古代的一种尖音小号。盾牌上面是橄榄枝和一把剑。外围有两条边饰，然后是四组对应的菊花和牡丹，最外圈是传统的如意云纹边饰。1720年至1730年间，以五彩为主，加少许粉彩的组合边饰在私人订单瓷中使用较多（图**5-1**）。

约翰·斯坦利（John Stanley）爵士于1659年出生，1699年成为男爵。他的岳父是位伯爵，妻子的爷爷是著名的伯维尔·格兰维勒（Bevil Granville）爵士（图**5-2**），曾在查尔斯一世时在英格兰西部任将军。约翰是海关的一位理事，死后没有子嗣，所以爵位也没有传承下来。

著录于*Chinese Armorial Porcelain I*第189页，*Made in China*第45页。

6　约翰·哈特利（Hateley）家族纹章瓷
康熙青花矾红描金伊万里风格瓷，1720年，21.5厘米

6-1　传统的莲花样式以及烟叶瓷中的西番莲样式

这是一件伊万里风格的青花矾红描金瓷器，画风十分精美。伊万里风格来自日本，大部分是不太对称的，但传到中国以后，渐渐都变成比较规范和对称的纹样。这件康熙晚期的瓷器，瓷质已经有雍正的特点，温润而清透。画面由青花的蓝色和五彩的矾红及金色构成。青花部分的莲花纹是来自中国的传统纹样，而圆形的菊花纹和西番莲纹饰也是烟叶瓷中的内容（图 **6-1**），画工生动而精美。伊万里风格的瓷器到雍正晚期就很少见了，乾隆时期几乎没有这个样式的瓷器。

这件纹章瓷出自哈特利家族，1619 年这个家族被记录在《剑桥之旅》一书中。约翰·哈特利是一位富裕的商人，住在英格兰东南部的艾基克斯郡，他的妻子伊莎贝拉(Isabella)也是一位著名的贵族家庭的后代。由于与东印度公司有贸易关系，他订制了这套家族纹章瓷。这个瓷盘的纹章并不完整，只有该家族纹章的一部分。

著录于 *Chinese Armorial Porcelain II* 第 135 页。

7　培治（Page）家族纹章瓷盘
康熙伊万里风格青花矾红描金，
1720年，22.5厘米

7-1　Van Heemskerck 家族纹章瓷盘
1745 ~ 1750 年，38.1 厘米，在该家族的纹章中也可以见到帽子元素，西方社会贵族的爵位在帽子上也有体现

这是一个伊万里样式的瓷器，所有细节都是用金线来勾勒。这个纹章出自英国汉普郡的培治家族。纹章的标志是扬蹄的马的半身像，背景是贵族的貂毛帽子。这个纹章似乎只是该家族整体纹章一个冠的部分，类似这样在家族的纹章中，采用贵族帽子样子的纹饰也有一些（**图 7-1**）。盘子中的青花五彩描金和枝状花饰是中国传统的莲花缠枝纹样。

瓷盘的所有者是居住在格林威治的格林格雷·培治（Gregory Page）爵士，是东印度公司的负责人，是住在汉普郡的培治家族的一个分支，也是这个纹章瓷订单的订制者。1714 年他被授予了准男爵称号，该家族同时还订制了另一套瓷器。

著录于 *Chinese Armorial Porcelain I* 第 179 页。

8　约翰·兰伯特（Lambert）家族纹章瓷
康熙粉彩描金，1722 年，22.5 厘米

8-1 **小丑瓷器**
1721 ~ 1725 年，16 厘米

这件粉彩瓷制作十分精美，但纹章部分有点诡异。在中国清代瓷器中，康熙粉彩瓷是极其少见的。这是第一件订单粉彩瓷。在这件瓷器中，新出现的粉彩颜色被用在粉红、绿色等部分，其余部分由五彩和金色构成。这种五彩和粉彩混合在一个瓷器上使用的现象自 1722 年开始，延续了大约十年时间。纹章由不同颜色的树叶构成了一个像戴头盔的人头，脸部的中间部位是纹章中的盾牌，鼻子的位置上是一棵橡树，一条奔跑的灰狗犹如人脸中的嘴巴。下面的座右铭用拉丁文写着“公正”。边饰是由锦地开光和康熙年间常见的折枝纹构成。正上方的翎毛是纹章中冠的部分。

这件瓷盘出自英国贵族兰伯特家族。兰伯特先生是南海公司的一位商人，1711 年 2 月他成为了一名男爵，后成为南海公司的执行长。南海公司是英国一家最大的有皇家背景的公司，因为炒作业绩而在兰伯特任执行长时于 1720 年倒闭。荷兰东印度公司看到了这个影响面巨大的事件中的商机，于 1721 年到 1725 年，到中国订制了一套警告人们不要投机买卖股票的著名“小丑”瓷器（图 **8-1**）。约翰·兰伯特于 1723 年 2 月去世，爵位由他的小儿子继承。

著录于 *Chinese Armorial Porcelain I* 第 206 页，*The Choice of the Private Trader* 第 57 页。

9　彼特·戈弗雷（Peter Godfrey）
家族纹章瓷
雍正青花珐琅彩描金，1725年，
22厘米

9-1 Haldane 家族纹章瓷
1725 年，36.2 厘米 图片来自
Made in China

9-2 英国肯特市莱德乡伯雷大教堂 图片来自网络

青花珐琅彩描金，绘制精美。中间是一个盾牌，上面有倒着的 V 形和三只鹈鹕，两边的卷草和盾牌周围的纹样交叉着，下面是他们家族的座右铭："corde fixam"。上面一个黑色的人形拿着家族的符号，显示家族的显赫。内圈是细致的青花锦地图案，内有八个小开光花卉，外面画了三组牡丹、梅花和青松的精美画作。中间的松树下面是两组太湖石造型。

整个边饰的青花纹样、牡丹、松树以及中间的锦地开光部分也画得十分精美，犹如官窑一样，色泽青翠。这个时期也有一些纹章瓷的订单采用了同样精美的青花纹饰（图 **9-1**）。纹章部分是用珐琅彩画的，上面的黑色小人是它的冠。盾牌中看不出婚姻状况，也没有头盔部分。盾牌中的三个无头鸟应该是他们家族主纹章的一部分，也许象征着其家族祖先与狩猎有关。

这是英国肯特州的一个显赫家族。在肯特州莱德乡一个教堂（图 **9-2**）里，有家族的祖先——死于 1430 年的托马斯·戈弗雷（Thomas Godfrey）的纪念碑，纪念他生前的功绩。托马斯·戈弗雷的后代出了很多名人，这件纹章瓷的主人彼特·戈弗雷于 1728 年任英国东印度公司驻广州的主管和理事会主席，该订单是他到广州之前为他儿子订制的。

著录于 *Chinese Armorial Porcelain I* 第 172 页，*Made in China* 第 51 页。

10 彼得·科克（Peter Cock）
家族纹章瓷汤盘
雍正五彩描金，1725 年，22.9 厘米这是一个纹章汤盘，带有雍正时期非常典型的铁锈红。纹章的冠是一只公鸡，置于边饰的上面；中心的纹章是一个花状的盾牌，里面分为左右两个部分：左边是男方的家族纹章，被分成四等份；右边的是女方家族的纹章，背景分为斜状的黑白两道，装饰着小碎花，上面有一只侧立的金色狮子。边饰是三层组合纹饰，是 1720 年至 1730 年流行的样式，其中三组对称的花卉纹样（图 **10-1**），中间间隔着四朵小花。

这是为伦敦的一位商人彼特·科克（Peter Cock）做的，他的妻子是特沃（Trevor）勋爵的女儿。科克家族与东印度公司有着密切的联系，彼特·科克的兄弟约瑟夫·科克（Joseph Cock）是东印度公司的主管。这件瓷器是约瑟夫·科克为彼特·科克订制的还是彼特自己订制的存在争议。这个盘子曾经被英国的克拉克·詹伍兹（Clarke-Jervoise）家族收藏了许多年。

著录于 *A Tribute to Benjamin F. Edwards III, The Collection of Benjamin F. Edwards III, A Timeless Treasure, A Charles III Parcel—Gilt Silver Porringer and Cover*。

10-1 约翰·兰伯特（Lambert）家族纹章瓷
康熙粉彩描金，1722 年，22.5 厘米 南昌大学博物馆提供

11　伍德沃德（Woodward）家族
纹章瓷
雍正粉彩描金，1726 年，23 厘米

11-1 英国纹章院

这是一件具有康熙时期纹饰特点的粉彩瓷。整个瓷器的纹样风格都和康熙晚期的五彩描金手法一样，内圈四层组合边饰是康熙晚期到雍正早期的一种流行手法。画工细致，未采用雍正时期粉彩渲染的方式，而是用了康熙时期平涂和线描的形式来画，这种粉彩与五彩混搭使用时间大约是1722年到1730年。边饰画着精美的折枝牡丹和细致的锦地图案，采用深褐色勾线和大量的金色以及红绿彩为主要颜色。四组折枝牡丹斜角对称地放在边饰上。上方正中是纹章冠的部分，下面与之对称的是一朵小莲花。

11-2 英国纹章院

纹章瓷出自英国贵族伍德沃德家族，伍德沃德家族使用这个纹章时并未得到国家批准，相当长时间以后，才被批准使用。按规定，家族纹章是必须向国家纹章院（图 **11-1**、**11-2**）申请得到认可后才能使用的，所以这个纹章有时候也会被认为是属于其他家族。从这个纹章的冠和护兽的部分，我们无法很清晰地知道这个家族的地位，但是从头盔部分我们得知，这个家族是贵族，因为纹章的头盔部分的嘴部是张开的。

著录于 *Chinese Armorial Porcelain I* 第212页。

12　罗瑟和亚当斯（Lowther Impaling Adams）家族纹章瓷八角盘

雍正五彩矾红描金，1728 年，22.5 厘米

12-1 **西式镜框 图片作者拍摄**

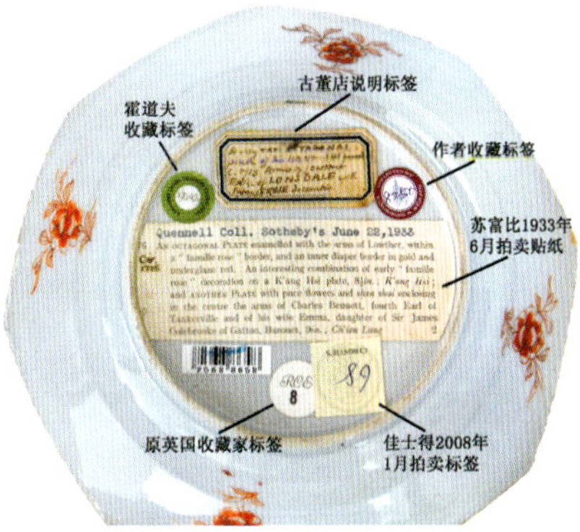

12-2 **瓷盘背面图**

这是一件康熙五彩瓷风格的纹章瓷。中心的纹章是一个西式的镜框外形（**图 12-1**），上面是一个贝壳形，镜框四周是一些吊饰，中心的镜面部分是夫妻双方的家族纹章。边饰的中心是纹章冠的部分，里圈是那时候常用的箭矢状边饰，连着四个小开光的花卉边饰，然后是四组花卉。最外圈是云纹状边饰。这样的三条带状边饰和四组花纹的组合边饰流行于 1720 年至 1730 年之间。

这件瓷器是为理查德·罗瑟（Richard Lowther）与玛格丽特·亚当斯（Margaret Adams）夫妻订制的。理查德·罗瑟在约克郡夏的一个地方当了很长时间的地方官员。罗瑟家族十分显赫，曾在一百二十六年中出了四位准男爵，约翰·罗瑟（John Lowther）于 1738 年被授予准男爵爵位。家族纹章只有长子才能继承，纹章继承人威廉（William Lowther）爵士于 1824 年获得伯爵爵位。该瓷器自 1933 年从苏富比拍卖到现在的收藏家都记录在瓷盘后面（**图 12-2**）。

著录于 *Chinese Armorial Porcelain I* 第 210 页。

13 英德（Hinde）家族纹章瓷盘
雍正粉彩描金，1730 年，22 厘米

13-1　源于版画的纹样，1700 ~ 1720 年　图片选自 *European Scenes on Chinese Art*

瓷盘顶部是一只展翅的鸡立在一个公爵的冠上，这应该是纹章冠的部分，而不是纹章的全部。

英德家族的分支也有着相似的冠，有的是翅膀没有张开，有的是尽管翅膀张开，但却是在不同的王冠上。

瓷器以铁锈红描金为主要特色。中心圆圈里面是两只鸟和一棵树，树的造型来自英国的插图版画。在外销瓷中有树木和小鸟的纹饰有不少，同时也有直接从版画中临摹来的纹样（图 **13-1**、**13-2**）。内圈边饰是当时流行的两组图案。我们看到有四个小开光的边饰结合了箭矢状边饰，外圈是细细的齿状边，比较简单。四组花卉中间是皮球状六瓣花卉伴着云状线型。

英德家族和东印度公司有着密切的联系，这件订单是通过东印度公司的哈利（Harry）船长订制的。哈利船长订购了许多纹章瓷，仅在 1710 年到 1730 年就订制了三批瓷器。因为这件订单只有纹章冠的部分，所以也曾被人认为是该家族其他人订的。

这件瓷器应该是为约翰·英德（John Hinde）订制的，他曾住在马德拉斯（印度港市），1746 年被任命为总督。东印度公司曾在 1747 年 1 月 24 日给他发去一个急件，任命他担任孟买的总督，但是他没有收到，1747 年 4 月就去世了。

著录于 *Chinese Armorial Porcelain II* 第 150 页。

13-2　图片选自 David S. Howard 编著的 *A Tale of Three Cities Canton, Shanghai & Hong Kong*，图片下面一部分出自 1748 年的 *A View of the Watering Place at Tenion*

14　蒂尔尼·蔡尔德（Tylney Child Richard）家族纹章瓷盘
雍正粉彩描金，1730 年，22.5 厘米

14-1 蒂尔尼·蔡尔德家族纹章

三只大鹰站在皇冠和统帅标志的头盔及盾牌的上面，边饰为四组极其精美的折枝花卉，整个画面十分精致，瓷质如玉一般温润。纹章（图 **14-1**）充满了整个画面，张开翅膀的老鹰站在贵族的头盔上面，下面是男爵的皇冠。盾牌中的家族纹章被安排在分为四格的画面上共有六个家族的纹章。这是典型的雍正佳品。

瓷器出自英国东印度公司官员理查德·蔡尔德（Child Richard），蒂尔尼·蔡尔德家族是英国一个显赫的家族。1678 年约瑟·蔡尔德（Joseph Child）被授予准男爵，并担任东印度公司主管。他的第三代孙子也就是这个纹章瓷的主人理查德·蔡尔德于 1704 年继承了准男爵。理查德·蔡尔德是家里最小的儿子，1731 年被封为伯爵，同年娶了一位公爵的女儿做太太。太太继承了其祖父家的遗产，每年有七千英镑的固定年遗产收入。那时候一个英国人的平均年收入仅为五英镑，东印度公司工资最高的船长年收入一百二十英镑。这个徽章瓷器是他们结婚时定做的。1749 年 3 月理查德·蔡尔德去世。

著录于 *Chinese Armorial Porcelain I* 第 393 页。

15　莱尔（Lyell）家族纹章瓷盘
雍正粉彩，1730 年，22.5 厘米

纹章的盾牌部分是一个蓝色的大十字分隔出四个白色画面。里面各有一个小十字架，盾牌右边为他妻子的家族纹章，里面画有六朵鸢尾花，盾牌上方是一个贵族的头盔，后面是一个红色的帷幔，头盔上面是一个托，是一只右手握着竖立的短剑，纹章的箴言上写着“忠贞不渝”（Loyal a la mort）。

这个纹章是苏格兰莱尔家族的，该家族也在东印度公司做茶叶贸易，这个纹章很可能是为东印度公司1723年至1740年的驻广州主管巴尔特扎·莱尔（Baltzar Lyell）提供的，也可能是为托马斯·莱尔（Thomas Lyell）提供的，托马斯是1732年、1735年、1742年广州行政区的货运总管，1754年和1757年，是当地的评议会成员。

这个家族有着数量可观的财产，家族成员也有人在威廉国王军队高层中任职。

这件典型的雍正粉彩瓷，画工精致而优美，瓷质细腻，釉面温润，内边饰四个锦地开光加上内圈的箭矢纹饰是1730年左右流行的一种边饰。

著录于 *Chinese Armorial Porcelain I* 第214页。

16　查尔斯·皮尔斯（Charles Peers）家族青花纹章瓷盘
雍正青花，1731 年，22.2 厘米

16-1　查尔斯·皮尔斯家族纹章瓷订单

16-2　查尔斯·皮尔斯家族完整纹章瓷　由南昌大学博物馆提供

这件精美的青花，釉色温润清澈，如玉一般，是雍正瓷器中的典型瓷。竹间花丛的山石上，站着一只鹦鹉，那时英国人十分喜欢鹦鹉。周围的一圈锦地图案十分精致。上面那个张着翅膀的鸟兽是皮尔斯家族纹章的一部分。瓷盘背面画了一对精彩的折枝花卉，这种背后画有花纹的做法到乾隆时代就很少了。

1731 年 11 月 19 日，有两只上面写着“中国青花”的箱子，放在一艘名叫“广东商人”的船上。24 日，这艘船到了印度一个港口马德拉斯（Madras），这些瓷器由这里的英国商人尼古拉斯·摩瑞斯订制，但它们真正的主人是英国牛津的查尔斯·皮尔斯（1703 ~ 1781 年）。查尔斯·皮尔斯订制了两批纹章瓷，这批青花盘上面只有该家族纹章中冠的一部分，开始时无法判断是谁订制了这批瓷器，直至找到了这批瓷器的订单。

这批货有保险还有订单（图 **16-1**）。订单显示这两批瓷器都不是整套餐具，或许是为银器餐具配套的青花瓷，共一百个盘子，六个汤盘，六十个大盘，四套碗，十二个调料瓶，共二百五十件，价值十三英镑。

另外一批粉彩瓷器上有该家族的完整纹章（图 **16-2**），由一条名叫“哈里逊”的船直接运往伦敦。1732 年 1 月 8 日离开广州，当年 7 月 7 日到达伦敦。粉彩瓷器四百五十件，五十六个碟（有五个尺寸），二百个盘子，十二个分菜的大盘，两种尺寸，一百个大盘子，十二个汤盘，两套茶具，六个大杯子，六个八分之一加仑的杯子，四对小杯子和四个大盘子，两套碗每套五个，估价七十六英镑。

现在这两套瓷器，依然属于查尔斯·皮尔斯家族。少数放在大英博物馆和苏格兰皇家博物馆及美国大都会博物馆内。

著录于 *Chinese Armorial Porcelain I* 第 174 页 。

17　贝斯特·金（Best Impaling King）家族纹章瓷盘
雍正粉彩描金，1732年，22厘米

17-1 东印度公司船队 图片来自 *Monsoon Traders*

纹章左边的八个十字围着一个五叶形的装饰，弯曲的天蓝色的貂夹在两只鹰的头像中。盾牌上面是头盔，再上面是象征着贝斯特（Best）公爵地位的皇冠，皇冠顶部是一只鸵鸟的头夹在两只银色的翅膀之间，两边是红色的蔓。下面两组植物连着一条绶带。边饰完全是中国的传统纹样。粉彩最适合表现娇艳的花卉，用玻璃白先画在瓷器上面，再染上红色的颜料，这样就使得花瓣有深浅晕染的层次，在深绿色叶子的映衬下显得娇润。

贝斯特·金家族的托马斯·贝斯特（Thomas Best），曾在东印度公司当船队（**图 17-1**）队长，是威廉姆·贝斯特（William Best）的第三个儿子。这个盘子几乎是和他的兄弟乔治·贝斯特（George Best）的一个盘子同时订制的。

著录于 *Chinese Armorial Porcelain I* 第 241 页。

18　卡尔·吉伦伯格（Carl Gyllenborg）家族纹章瓷汤盘
雍正粉彩描金，1732 年，21.5 厘米

18-1 纹章局部图

18-2 卡尔·吉伦伯格，1769 ~ 1764 图片来自网络

这是瑞典的纹章瓷盘，边饰的装饰是雍正时期特有的铁锈红描金，并且用珐琅彩画出纹章（图 **18-1**）部分。中心的公爵王冠下是盾牌，左边是男方家族的徽章，右边是女方家族的徽章。男方家族纹章画的是一座城堡，上面站着长着一对翅膀的兽。女方家族纹章是一个蓝白相间的几何形。两边是一对长着翅膀的怪兽，一组花卉托着盾牌。

边饰中，百合花的底纹上四个开光，里面是一组装饰花卉。如皮球花一般的花卉，加上云状饰带的纹样式流行于 1735 年到 1750 年之间。这是为瑞典驻英国大使卡尔·吉伦伯格（图 **18-2**）订制的瓷盘。

著录于 *Fran Kina till Europa, Stockholm* 第 124 页。

19　麦克劳德（Macleod）家族纹章瓷盘
雍正粉彩描金，1733 年，22.5 厘米

19-1 男人岛国旗 图片来自网络

19-2 男人岛是位于英格兰（右）与爱尔兰（左）间的海上岛屿，是一个独立于英国的自治独立地区，由于传说最先开发荒岛的都是男人而得名 图片来自网络

这是一件精美的雍正瓷盘，边饰是三组精美的折枝牡丹和菊花，画工之精细胜过官窑。纹章的头盔的上方是个老鹰的头像，也是公爵纹章的冠。鹰上面这部分是家族的座右铭和冠，下面的盾牌记录着纹章的主人麦克劳德和他太太伊丽莎白（Elizabeth）结婚的两个家族的纹章。左边是麦克劳德家族祖先的四个纹章。右边是女方伊丽莎白的家族纹章。

这个纹章瓷盘出自麦克劳德公爵家族。这个家族的封地在苏格兰的“男人岛”（Island of Man，图 **19-1**、**19-2**）。祖先是维京人（图 **19-3**），因封地之争到爱沙尼亚躲避，并参加了罗马兵团作战。后来回到挪威，杀死仇敌，夺回封地，并做了五年的挪威王。他的后代来到苏格兰。他的后人欧拉夫·罗斯曼（Olaf the Norseman）和伊丽莎白·斯特雷顿（Elizabeth Straiton）结婚，伊丽莎白是东印度公司一个船长的女儿。这套瓷器是这对夫妇送给第二个儿子约翰结婚的瓷器。纹章的上部是祖先的纹章，下部两边是结婚男女双方的家族纹章。共记录了十个家族，欧洲那时候通过贵族联姻，一代一代扩大其势力。

著录于 *Chinese Armorial Porcelain I* 第 242 页。

19-3 维京人既是战士，又是商人，还是海盗 图片来自网络

20 罗斯（Rose）家族纹章瓷盘
雍正粉彩描金，1735 年，23 厘米

20-1 边饰局部图

这个纹章是英国罗斯家族的，他们家族在不同时期曾使用过多个家族纹章，但是大多是一只公猪的头夹在三只鸟之间。盾牌上是三个像音符状的符号，两边是一对一只脚扶着盾牌的鸟，上面冠部分是一组红色的蔓围绕着的一只鸟，下面是家族的座右铭。内边饰带是锦地四开光，里面是如意绥带，外面是四组精美的折枝花卉（图 **20-1**）。

这个盘子有可能是为胡治·罗斯（Hugh Rose）订制的。他结过两次婚，1732 年，他的儿子胡治（Hugh）继承了父亲的头衔，胡治的同父异母兄弟亚历山大（Alexander）在卡罗来纳州经商。

这个盘子也有可能是为理查德·罗斯（Richard Rose）订制的，他是一位东印度公司的主管。

著录于 *Chinese Armorial Porcelain I* 第 243 页。

21 热那亚皇室家族纹章瓷盘
雍正粉彩描金，1735 年，23 厘米

21-1 雍正蝴蝶盘
1735 年，23 厘米 选自 David S. Howard 编著的 *The Choice of the Private Trader*

盘子的中心部分是四只蝴蝶围着一只小蜜蜂，形成一个美丽的图案。蜜蜂和蝴蝶表达了对于年轻国王长久统治的美好祝愿。家族纹章被放在边饰上，左右两边是纹章的头冠和托的纹样，上下部分是相对比较完整的纹章。该纹章的护兽是一对具有动态的老鹰，皇冠是公爵冠，边饰中的漂亮的粉红色是菱形的锦地纹饰，粉红与内圈的松石绿形成强烈对比。蝴蝶的纹样在雍正时期被画得十分精美（图 **21-1**），被大量地描绘则是在 19 世纪中后期。这件纹章瓷十分罕见。

这是 18 世纪，地处意大利的热那亚共和国皇室的家族纹章瓷。1731 年安东尼一世死后，他的女儿露易丝·波利特（Louise Hyppolite）接任。不到一年时间，便由她的丈夫詹姆士一世（James I）接任，这个就是詹姆士一世的家族纹章。1733 年，詹姆士一世因为想过安逸的生活搬到巴黎，并将王位传给他 13 岁的儿子宏努尔三世（Honore III，图 **21-2**），宏努尔三世在位六十年。1793 年，此地与意大利滨海阿尔卑斯省合并。

21-2 宏努尔三世 1733 ~ 1793 年，摩纳哥王子 图片来自网络

22　毕格·卡尔（Carr Impaling Bigge）家族纹章瓷盘
雍正粉彩描金，1735 年，35 厘米

22-1 1735 年进入中国的迈森缠枝边饰

盾牌中线分出了婚姻的双方家族，左边留白的直角形部分画着三个五角星，右边是三只无足鸟，被三个小环隔开。纹章顶部是一只雄鹿的头。边饰是缠枝花卉，这种缠枝花纹是中国传统纹饰中的一种，但是德国迈森瓷区的艺术家模仿中国缠枝纹饰，设计出一种类似的缠枝纹饰，也被称为“迈森纹饰”。1735 年左右，这种迈森纹饰进入中国，这就是所谓的“拷贝的再拷贝”（图 **22-1**）。

这是为米德尔塞克斯郡的罗伯特·卡尔（Robert Carr）订制的瓷器，其在 1777 年被授予了男爵爵位，并在 1791 年 3 月去世。

著录于 *Chinese Armorial Porcelain I* 第 244 页。

23 弗朗茨（French）家族纹章瓷盘
雍正、乾隆粉彩，1735 年，23.1 厘米

23-1 **弗朗茨家族纹章瓷盘 乾隆粉彩，1738 年，23.1 厘米**

1735 年生产的这对瓷盘基本由墨彩和金色构成整个彩绘主题，中间是一个折枝花卉，内圈的边饰是雍正年间常用的锦地开光纹饰。边饰上是由釉上蓝色和金色构成的八宝图案以及三组折枝花卉。纹章部分较小，被放在边饰的上端中间。

也许是因为这个徽章太小而且不完整，所以很快地在 1738 年他们又订制了另外一批纹章瓷器（**图 23-1**）。

第二批瓷器的纹章非常大，占据了整个瓷盘的中间部分。最外圈是金黄色的矛头边饰，边饰的里层是展开的葡萄藤，边饰中间部分是以金色为主的石榴纹饰，有三个开光的风景图案。纹章中在花卉衬托下的头盔是侧面打开口的。这明显是贵族纹章，有可能是子爵的纹章。从盾牌上能看出他是家族中的第二个儿子的后代。

这两对盘子都出自英国贵族弗朗茨家族，1735 年为罗伯特・弗朗茨（Robert French）做的。订购人是罗伯特・弗朗茨的父亲大卫・弗兰茨（David French），东印度公司的一位船长。

著录于 *Chinese Armorial Porcelain II* 第 152 页。

24　罗德（Lowndes）家族纹章瓷盘
乾隆粉彩描金，1740 年，22.8 厘米

24-2 帕里斯裁判图盘 南昌大学博物馆提供

盾牌部分的菱形交叉线相交处有圆点装饰；顶部，月桂枝叶衬着一只美洲豹，十分精美。边饰是流行于1740年左右的代尔夫特纹饰的一种，是从欧洲银器上移植过来的一种图案（图**24-1**），画面以雕刻效果画出蔓藤纹饰，似乎在模仿银器雕刻，被称为Duqvier巴吉额样式。1740年左右，墨彩被大量用在瓷器中，但是这种边饰同时也有紫红色（图**24-2**）的。

瓷盘出自英国财政部长罗德（Lowndes）家族，很可能是为理查德·罗德（Richard Lowndes）而作。理查德·罗德是威廉·罗德（William Lowndes）的长子。威廉·罗德结过四次婚，有十八个孩子，曾是英国的财政部部长，安娜女王十分器重他。理查德·罗德的叔叔也担任过英国财政部部长。

著录于*Chinese Armorial Porcelain I* 第348页。

24-1 代尔夫特纹饰局部 来自佳士得

25　李温斯东（Livingstone）和肯尼迪（Kennedy）家族纹章瓷盘

乾隆粉彩描金，1740 年，22.5 厘米

这是李温斯东的家族纹章，纹章中的盾牌左边有三个五角叶子形状的饰物，右边有三个十字架。它的冠是一个原始人的半身像，右手拿着短剑。下面是一组翻转的围蔓，盾牌左右两个部分分别是男女方的家族纹章。下面是两枝托着的植物连着一组绶带，中间写着座右铭。边饰是三组精美的折枝花卉，这种边饰流行于 1740 年左右。在 1735 ~ 1740 年之间流行着三组花卉纹样的边饰，通常盘子都还有两道细的边饰（**见图 25-1**），像这件瓷盘边饰上没有细边饰，比较少见。

这个盘子是为亚历山大 · 李温斯东（Alexander Livingstone）订制的，他曾于 1757 年担任过阿伯丁郡的监管者。

著录于 *Chinese Armorial Porcelain I* 第 393 页。

25-1 阿卓安 · 渥肯尼尔（Adriaan Valckenier）家族纹章瓷盘 乾隆，1738 年，22 厘米 图片作者提供

26　斯蒂芬斯（Stephens）家族
纹章瓷盘
乾隆粉彩描金，1740 年，22 厘米

1573年，爱德华·斯蒂芬斯（Edward Stephens）买了一座城堡式的豪宅，后来因经济问题又将该城堡卖掉。他儿子约翰（John）成为查理一世的司法部长后，又将家族城堡买了回来。约翰有三个儿子和很多孙子，这个纹章是他的家人后来订制的。

纹章以深蓝色为主，中间有狮子和猎鹰构成的盾牌，这部分构图是来自那个家族城堡。旁边围绕着一组翻卷的图案，该图案采用了西方的版画画法，在银器上也可以见到类似的翻卷花样（**图26-1**）。外圈三组用中国画的线条加上明暗渲染的折枝花卉，是用勾线渲染的手法。中西结合，画得十分精美。上面中间一个展翅的老鹰，是纹章冠的一部分。瓷质白润，画工精美。

著录于 *Chinese Armorial Porcelain I* 第246页。

26-1　银质水壶架　1740年，产自伦敦　图片来自佳士得

27　汤普森（Thompson）家族
纹章瓷盘
乾隆粉彩描金，1740 年，22.5
厘米

27-1 迈森边饰的中国花鸟花盘 1740年，31.5厘米 南昌大学博物馆提供

这件很有可能是现存的唯一一个为英国市场提供的边缘有着“迈森风格”的纹章瓷。

这件纹章是来自约克郡的汤普森家族，盾牌被分隔成四块，每一个黑色和金色的纹饰成对角线排列，中心盾牌状纹饰中画着三个橄榄枝，黑色的方块中各排列着三只猎鹰，另外放着金色的圣德·安鲁十字形，纹章的冠是一只有力的手抓住一把两头尖的矛。

这件瓷器是为亨利·汤普森（Henry Thompson）先生订制的。他出生于1626年，结过三次婚。他和他第三任妻子的孙女汉利奥塔（Henrietta）是著名的沃尔夫（Wolfe）将军的母亲，在魁北克郡去世。

他和他第一任妻子所生的长子亨利住在约克郡，亨利的儿子是贝尔比·汤普森。贝尔比·汤普森与第二任妻子所生的女儿达维丝女士，是来自约克夏尔郡的霍顿·韦斯利（Hutton Wansley）和理查德·朗德尔（Richard Roundell）家族的共同继承人。迈森边饰开光内画的是海岸风景，是1740年左右常用的一种纹饰，中心画面是一枝折枝牡丹，花枝上停着两只相对而鸣的鸟，这个画面可能来自中国清朝早期的版画。在当时的外销瓷中也有这个样式的瓷器（**图27-1**），也是迈森边饰。

著录于 *Chinese Armorial Porcelain I* 第304页。

28　马利（Maule）家族纹章花觚
乾隆粉彩，1745 年，27.9 厘米

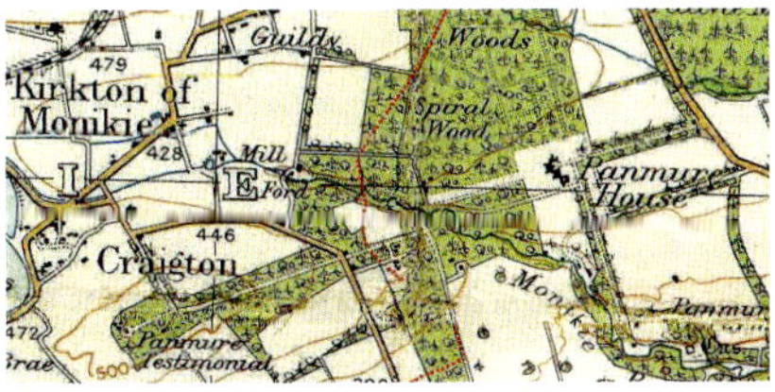

28-1 1930 年绘制的潘默尔庄园地图 图片来自谷歌网络

这对花觚属于一套装饰壁炉的五件花瓶组合中的两件。

纹章的冠是一条绿色的龙，龙的头部和尾部都喷出火焰，纹章的托是一个头盔，头盔下面是代表伯爵的头冠。盾形徽章被分割成四个部分，左上与右下两个部分的图案一样，右上部分白色和红色条纹相间，左下部分是由两个相同的对角图案组合而成。盾形纹章的左右两边各画着一条灰狗，是纹章的护兽，纹章的最下方是这个家族的座右铭。

这个纹章属于马利家族的潘默尔（Panmure）伯爵，看起来似乎这对花觚制作的时间稍晚，因为纹章描画得不是很精细。

威廉姆·马利（William Maule）是军队里的一名军官，于 1743 年继承了潘默尔伯爵的荣誉，这是一个爱尔兰的爵位，这些瓷器应该是他在获得爵位之后的两到三年内订制的。他是潘默尔伯爵二世的孙子，潘默尔伯爵四世（他于 1715 年获得此荣誉）的表兄弟。1764 年，他从约克建筑公司（York Buildings Company）重新购回这些瓷器，安置于潘默尔庄园（图 **28-1**，1930 年潘默尔庄园地图）。他死于 1782 年，终生未婚。

著录于 *Chinese Armorial Porcelain I* 第 234 页。

29　班尼特（Bennet）家族纹章瓷盘

乾隆粉彩描金，1745 年，22.5 厘米

29-1 班尼特家族纹章碗 乾隆，1755年 选自 David S. Howard 编著的 *Chinese Armorial Porcelain II*

这是一个十分典型的贵族纹章，而且能从中看得出婚姻状况。上面是个伯爵的冠，有托，再下面是重要的盾牌部分。盾牌分左右两边，代表婚姻状况。右边是女方的家族纹章，左边是男方的家族纹章。盾牌两边的护兽，是两只戴着皇冠的白狮子。下面是家族的座右铭，写着效忠于国王。边饰上有四个小开光，分别是风景和花鸟画，这种边饰流行于1745年左右。

约翰·班尼特（John Bennet）在1682年拥有了伯爵的地位，这件瓷器是为他的儿子查尔斯（Charles）订制。查尔斯出生于1697年，1722年继承了约翰的爵位，并于1728年至1740年间在法庭里担任数职。查尔斯有两个儿子，他的大儿子在1753年继承了他的爵位。该家族最起码在中国订制了八次纹章瓷，其中有这件瓷器和为查尔斯两个儿子订制的瓷器（图**29-1**）。

著录于 *Chinese Armorial Porcelain* 第315页，*Chinese Export Porcelain* 第146页。

30　米勒（Miller）家族纹章瓷盘
乾隆粉彩描金，1748 年，22.5 厘米

30-1 帆船与建筑版画
1600 ~ 1682 年 路易斯收藏

这是德文郡的米勒（Miller）家族的纹章。菱形钢铠片的盾牌，两边围着花纹绶带，顶部一只狮子猖獗地拿着一个菱形钢铠片。内圈是箭齿形线状边饰，边饰的四个开光中是海景的帆船图案。在大航海时代，有许多画家画的帆船画面（**图 30-1**）被用在中国外销瓷中，当时十分流行。在有玻璃白色绘成的图案上有四个开光的边饰来源于德国迈森地区，是迈森图案的一种变体，流行于 1740 年至 1745 年。

这件瓷器有可能是为伊斯林顿（Islington，英国伦敦的一个区）的一个商人家庭订制的。

著录于 *Chinese Armorial Porcelain I* 第 329 页。

31 珀尔（Pole）家族纹章瓷盘
乾隆粉彩描金，1750 年，22.5 厘米

31-1　三个边饰中的海棠开光不同的图案样式　图片选自 David S. Howard 编著的 *Chinese Armorial Porcelain*

这是 1745 年至 1755 年间较流行的一种样式。盘中间一个海棠型开光，中心图案是一个河边风景。纹章在盘子的上下两边，左右也是开光的风景和花卉。这种开光风景最早的设计来自荷兰绘画，有好几种图案样式（图 **31-1**）。在外销瓷收藏上，有人专门收藏与海船相关的类型。上面纹章冠的部分是一只展翅的老鹰。而下面的盾牌，显示出这个纹章的主人是该家族的老四查尔斯（Charles）。

查尔斯曾经是利物浦的国会议员。珀尔家族是英国一个很大的家族，祖先源于外邦比德郡（1740 年左右）。塞缪尔·珀尔（Samuel Pole）于 1651 年出生，有五个儿子。从大儿子爵曼·珀尔（German Pole）开始发迹，第三个儿子是步兵中将，第四个儿子就是利物浦的查尔斯。

著录于 *Chinese Armorial Porcelain II* 第 335 页。

32　葛雷文、葛洛纳德（Greven and Gronard（t）？）家族纹章瓷盘
乾隆青花，1750 ~ 1760 年，22.5 厘米

32-1 纹章局部图

这件青花瓷盘的边饰是蜂巢纹样装饰，呈现洛可可风格。中心的纹章图案设计精美，有两个不对称的盾牌。左边的盾牌内是三颗六角星，呈倒三角，右边椭圆的盾牌内是一只凶猛的熊（图 **32-1**）。

这件青花可能是荷兰的葛雷文（Greven）、葛洛纳德（Gronard（t））夫妇订的，且这种盾牌里有三颗星的设计在当时的荷兰比较普遍，纹章是由夫妻双方家族的纹章瓷相结合而成的。十七八世纪，采用这种以金属符号为背景的且有三颗星的设计在荷兰贵族纹章中大概还有八个。在马切兰特（Marchant）和格兰特（Gallart）家族纹章瓷盘（图 **32-2**）中就可以看到三颗星的纹章样式。这对夫妻大概是在 1750 年左右结婚的。女方的家族纹章目前还没有准确的记载，但是有可能是那只凶猛的熊。

荷兰赛普斯坦美术馆（Desypesteyn Museum）收藏。著录于 *Chinese Armorial Porcelian for the Dutch Market* 第 191 页。

32-2 马切兰特和格兰特家族纹章瓷盘 1750 ~ 1760 年，42 厘米 瓷盘图案来自 *Chinese Armorial Porcelain for the Dutch Market*

33　温彻（Winch）家族纹章瓷盘
乾隆粉彩描金，1750 年，23 厘米

33-1 墨彩山水盘 雍正，1723 ~ 1735年，18厘米 南昌大学博物馆提供

纹章占据了中心画面的全部，这是许多荷兰纹章瓷的做法。一般说来，越到晚期，纹章瓷的纹章部分越小。冠的部分是一个正面的狮子，两边是长矛，狮子在公爵的皇冠上，下面的托是一组卷叶围蔓，头盔的下面是盾牌。用墨线勾勒，由疏密变化而产生灰色层次，再与金色搭配，流行于1745 ~ 1755年。这个边饰图案中的四组折枝花卉就是采用了这种手法。墨彩是由钴料烧釉上彩而成，由于外销瓷中的纹章的黑色和版画的仿制而出现的一种釉上彩。在康熙以前，虽然中国水墨画也是黑色的，但在瓷器上是以青花表现完成的，雍正开始才在瓷器上出现较多的墨彩山水画面（图 **33-1**）。

这个纹章是为亚历山大·温彻（Alexander Winch）订制的。1773年，他成为印度马德拉斯（Madras）的总督，1776年回到英格兰。温彻家族在艾克郡的一个家族分支拥有相似的纹章。

著录于 *Chinese Armorial Porcelain I* 第302页。

34　格罗夫纳（Grosvenor）家族纹章瓷盘
乾隆粉彩描金，1750 年，23 厘米

34-1 人物盘 1755年，23厘米，乔治·华盛顿在景德镇订制

这是1750年左右在欧美流行的一种中国瓷器订单的绘画样式，就是在一件瓷器上同时看到中国和西方的两个家庭。东印度公司出于商业需要订制了一批画有中国家庭生活场面的瓷器，让欧美广大的客户了解中国人民的日常生活。这些瓷器很受欢迎，美国总统乔治·华盛顿就曾买过这种瓷器（图**34-1**）。画面是一个中国家庭，夫妇两人在庭院中赏花，一个侍女端着茶盘立在一边。画中有亭子和花石，看起来像在水边，虽然后面的水面没有画出来。边饰是三种精美的折枝花卉。家族的纹章被放在上部，一个站立的狮子手中拿着一个画着两条V字形的盾牌，下身藏在皇冠形的城堡中，这是纹章冠的部分。下面的托是一条金色的绶带，缠着红色的绒布。再往下就是能反映出家族婚姻状况的盾牌，所以说，这个纹章瓷是结婚时订制的。纹章中没有子侄后代的显示。

这个纹章可能是由韦斯特敏斯特（Westminster）公爵和格罗夫纳家族所共同拥有的。如同中国的家族有一个共同的祖先，在西方也有几个家族拥有一个共同祖先的纹章。这个家族在英国有一个封地，有世袭的爵位。后代在1874年被英国女王任命为财政部部长。

著录于*Chinese Armorial Porcelain I*第343页。

35　罗维特（Lovett）家族纹章
瓷马克杯
乾隆粉彩，1750 年，高 13 厘米

35-1 罗维特家族纹章瓷盘 乾隆粉彩，1750 年 选自 *Chinese Armorial Porcelain*

35-2 罗维特家族纹章瓷马克杯（反面）

纹章的两旁是百合花，杯口的边饰是成金黄色的矛头，十分漂亮。这个纹章有趣的是那三只小狗。这只马克杯只有纹章部分（图 **35-1**、**35-2**）作为装饰，也是早期新古典主义简约风格的设计。

这批瓷器是为罗维特男爵而作，他来自提派雷利（爱尔兰中南部 个郡）一个诺曼底人和爱尔兰人结合的家族。也许在瓷器制作的时候他还不是男爵，但是之后他成为了白金汉郡的准男爵。

著录于 *Chinese Armorial Porcelain I* 第 340 页。

36　韦伯（Webber）家族纹章
瓷盘
乾隆粉彩，1750 年，38.7 厘米

瓷盘上的冠是一个像猪的兽头，下面是个贵族的头盔，中间的盾牌圆心里图案表示该徽章的拥有者是家族的第五个儿子。里圈的边饰是金黄色的矛头，这是来自欧洲的传统边饰（图 **36-1**），也是最早受至简主义风格影响的边饰之一。至简主义风潮在 1760 年以后流行。外圈是三株漂亮的牡丹花和荷花折枝图案。三个折枝纹饰的边饰在雍正时比较流行，乾隆中期，这种折枝纹饰的色彩和手法都和雍正时期的不一样。雍正时期，花卉边饰严谨的渲染和勾线结合得十分精美。像这个盘子内圈的箭头状边饰在雍正时期多与其他边饰相结合，不显单调。

这个盘子很可能是为韦伯所作，他是东印度公司的一位船长，东印度公司的船长一般也是订制瓷器的执行者，他们有得天独厚的条件，通常将自己的家族纹章瓷都做得非常精美。

著录于 *Chinese Armorial Porcelain I* 第 493 页。

36-1 **大勋章 法国中西部城市里摩日，13 世纪中期**
Schnutgen 博物馆

37　托马斯（Thomas）家族纹章瓷汤盒
乾隆粉彩描金，1750 年，高 18.4 厘米

这是一个汤盆。大汤盆是供应整个餐桌的，而小汤盆则是一个人使用的；通常是供女性或者是病人使用。当时，女性的服装（**图 37-1**）极为繁琐，临出门前，用在穿衣打扮上的时间通常要一个小时左右，这时候常常会喝点东西，补充体力。有人生病时，也用这个汤盆盛汤给病人食用。有趣的是，汤盆的两个扶手做成鱼鳍的形状，盒盖上的拿手却是中国传统的石榴形。

这个汤盆应该是为托马斯·托马斯（Thomas Thomas）定做的。这个纹章的箴言部分有时会变化。托马斯·托马斯的兄弟也有一个相似的纹章，但是箴言不同。

著录于 *Chinese Armorial Porcelain II* 第 277 页。

37-1　16 世纪葡萄牙女性服装　委拉斯贵兹绘　图片选自 *Velazquez*（右页）

38　蒂法玛斯（de Famars）家族纹章瓷盘
乾隆粉彩描金，1752年，23厘米

38-1 纹章局部

这是荷兰的纹章瓷盘。中心是盾牌，左边是男方家族的徽章，右边是女方家族的徽章。可见这是为婚礼而订制的。盾牌两边的纹样如贝壳。盾牌（图 **38-1**）用绿色叶子做成托，上面是公爵的皇冠。边饰的纹饰简洁，流行于 1750 年至 1770 年。

简·维勒姆·蒂法玛斯（Jan Willem de Famars）曾在荷兰军队的骑兵队服役，最后成为司令官。他的妻子（Mechteld Johanna Geertuid Vriesen）家族显赫，他的岳父是兹沃勒（Zwolle）市（图 **38-2**）的地方行政长官。这门婚姻可谓是门当户对，女方家庭是兹沃勒市最富有、最有势力的家族。这个瓷盘正是为他俩而订制的。

著录于 *Chinese Armorial Porcelain for the Dutch Market* 第 416、417 页。

38-2 兹沃勒市的 Grote 教堂 图片来自网络

39　埃利斯（Ellis）家族纹章瓷盘
乾隆粉彩描金，1755 年，23 厘米

39-1 撒拉逊人古代士兵 撒拉逊的原来意义，系指从今天的叙利亚到沙乌地阿拉伯之间的沙漠牧民，广义上则指中古时代所有的阿拉伯人 图片来自网络

39-2 上面一种边饰流行于1770年，要比下面的埃利斯家族纹章瓷盘边饰更简洁

盘子中间的纹章像是竖琴，画有四个女人，最上面的女人是这个纹章冠的部分。在下面三个女人的头部之间呈倒“V”形，使得整个纹章不会头重脚轻。这个纹章是为纪念家族祖先曾经俘获过一位撒拉逊国（图**39-1**）公主而设计的，所以里面的纹章部分是十分少见的四个女人半身像。边饰外圈由一根竹竿围绕着盘了一圈，边上有竹叶和菊花、牡丹、茶花等花卉。这是一种来自荷兰的代尔夫特样式，一般称为竹子花纹边饰，流行于1755年至1780年之间，这个边饰越到后面，画得越简单（图**39-2**）。这似乎成为了一种纹饰流行的规律。边饰内圈是金色的箭齿形。

这件瓷盘很可能是给一名叫威廉·埃利斯（William Ellis of Kidhall）的公爵订制的。

著录于 *Chinese Armorial Porcelain I* 第383页。

40 培尔斯（Pierce）家族纹章瓷杯
乾隆粉彩描金，1755 年，6 厘米

40-1 局部图

这个纹章有可能是培尔斯家族的，盾牌（图 **40-1**）上面有三只即将展翅的鸟，中间被纹章的中线隔开。顶部是一只衔着橄榄枝的鸽子，意思是“和平”。之所以对其来源有疑问，是因为培尔斯家族之前记录过的纹章的顶部是一只鹦鹉衔着一枚小环。是这个纹章瓷画错了呢（显然不太可能），还是他们家族的瓷器订制人有意改变就不得而知。由于该纹章的家族不确定，所以该纹章瓷的主人也不确定。

出自英国培尔斯家族，来自伦敦。

著录于 *Chinese Armorial Porcelain I* 第 467 页。

41 林瑟（Lindsay）家族纹章
瓷盘
乾隆粉彩描金，1755 年，16 厘米

41-1 纹章局部图

41-2 西方运用光影方式的花卉画法

41-3 中国传统的画卉画法，讲究浓淡层次

出自英国林瑟家族。这个纹章比较有趣的是将家族座右铭放在最上面，冠上有一只白色的小鸟，展开的翻卷的附蔓，连接着小花环围绕着盾牌。盾牌（图 **41-1**）上面是三颗星星，中间是黑白相间的方块。边饰上的花卉完全是西方的画法画出的菊花与玫瑰。中心纹章部分采用珐琅彩。

这种样式流行于 1750 年到 1770 年。这件瓷器有可能是在英国彩绘的，也有可能是在广州，但是它的颜料感觉跟广彩不同，因此我们推测它是在英国绘制的。其图案绘画手法完全是西方的手法，西方画花的手法是按照光影明暗的方式进行（图 **41-2**），中国画花卉的手法是按照花瓣的深浅层次来绘制的（图 **41-3**）。

这个盘子很可能是为乔治（George）与玛格丽特（Margaret）结婚所订制的。乔治的兄弟帕特里克（Patrick）于 1745 年在卡莱尔（英国北部城市）被处死。玛格丽特是汤玛斯 · 博苏尼家族（Thomas Bethune of Kilconquhar）的女继承人，1764 年去世。

著录于 *Chinese Armorial Porcelain I* 第 496 页。

42　奥哈拉（O'Hara）家族纹章瓷盘
乾隆粉彩描金，1760 年，28 厘米

42-1 纹章设计稿 图片来自 *Chinese Armorial Porcelain I*

出自英国贵族奥哈拉家族。这个纹章的设计来源于书上的一个设计，可以找到当时的设计稿（图**42-1**），边饰中的四组花卉是典型的中西结合画法的花卉纹饰，菊花和牡丹花用精细的线勾勒再渲染明暗。有点像英国水彩画家的植物样本，但比那些画得活，且有些东方味道。1760年左右，边饰的画风逐步趋向于西方渲染明暗的手法，中国花鸟画的传统手法用得越来越少。内圈边饰依然是那时比较流行的箭齿形，盾牌中柱子两侧的翠绿色，如玉一般清澈。

纹章的持有者是查尔斯·奥哈拉(Charles O'Hara)，他被授予了勋爵爵位。家族里的约翰·奥哈拉（John O' Hara）曾在围攻西班牙城市比戈战争（图**42-2**）中担任船长（上尉），之后又成为了戈尔韦（Galway）城市的市长。查尔斯的第二个儿子是吉尔福瑞·奥哈拉（Geoffrie O' Hara），曾在东印度公司海军部担任上尉，这件瓷器很有可能是为他们订制的。吉尔福瑞的哥哥詹姆斯（James）也在1747年担任戈尔韦城市的市长，并有十四个孩子。吉尔福瑞·奥哈拉于1763年在广东担任了英国东印度公司的主管。

著录于 *Chinese Armorial Porcelain I* 第491页。

42-2 英国与西班牙无敌舰队海上之战版画 南昌大学博物馆提供

43 斯嘉丽（Scarlett）和韦斯特（West）家族纹章瓷盘
乾隆粉彩描金，1760 年，23 厘米

出自英国Back地区总督斯嘉丽家族。该纹章冠的部分是一个象征着圣殿的古罗马柱子，两只兽守护着圣殿。下面的盾牌（图**43-1**）一分为二，显示的是男女双方的婚姻，左边的男方家族纹章是一个单脚站立的侧面狮子，右边的女方家族纹章是三个兽头。纹章两边是欧洲比较流行的翻卷的蔓藤纹样，边饰是当时流行的简洁风格的四组花卉。

1765年，罗伯特·斯嘉丽（Robert Scarlett）与伊丽莎白莱特结婚，他们的第二个儿子詹姆斯（James）是一个骑士，曾任英国的司法部长，1835年的时候被封为贵族。这件瓷器很可能是给罗伯特·斯嘉丽的兄弟订制的，他的兄弟可能在那时已经结婚。

著录于 *Chinese Armorial Porcelain I* 第512页。

43-1 **纹章局部图**

44　雷蒙特和韦伯斯特（Raymond with Webster）家族纹章八角瓷盘
乾隆粉彩描金，1765 年，23 厘米

44-1 博因顿（Boynton）和托帕姆（Topham）家族纹章瓷盘 乾隆粉彩描金，22.5 厘米 图片选自 *The Bullivant Collection of Armorial Porcelain*

八角盘成型上要比圆盘难一点，中心画面画的是《西厢记》故事，画面上有小桥、芭蕉、竹林、假山和岸边。有四个青年男女，两个女子手拿扇子，其中一个女子拿扇子做半掩状，光头和尚手拿扇子，双手张开，似乎在做介绍。一个男士在旁边手呈作揖状。在《西厢记》第一本第一折描述的是张生去普救寺游玩，寺院里长老的弟子带他参观，恰遇莺莺引红娘出闺房戏耍。这件瓷盘画的正是男女主人公相遇的场面。边饰是 1760 年左右比较流行的牡丹折枝纹饰。纹章置于盘子的上方中心，从纹章中看不出家族的爵位。盾牌部分由男女双方家族纹章组成。瓷盘中心的纹样也被用在其他家族（图 **44-1**）。

这件瓷器是为英国男爵雷蒙特（Raymond）和他妻子韦伯斯特（Webster）家庭结婚而订制的。这是雷蒙特家族所做的至少五种设计中的一个，查尔斯·雷蒙特（Charles Raymond）在 1774 年 5 月成为一名男爵，死后膝下无子，女婿又在 1796 年去世，所以查尔斯·布邦（Charles Burrell）继承了爵位。

著录于 *Chinese Armorial Porcelain I* 第 344 页。

45　密利根（Milligan）家族八
角纹章瓷盘
乾隆粉彩描金，1770 年，23 厘米

出自英国西印度船业公司（图 **45-1**）创始人密利根家族。这种十分简洁的边饰通常在 1760 ~ 1790 年流行。纹章的冠是一条三桅商船，因为纹章的拥有者是船业公司的老板。盾牌两边缠绕着花卉植物。这种手法在很多的纹章中被使用。盾牌以十字分割，将男女双方的纹章，放在分割出来的四个形状中。

大卫·密利根（David Milligan）是伦敦的一位商人，1759 年与玛丽安（Marian）结婚。去世时没有继承人，所以他的表亲罗伯特·密利根（Robert Milligan）继承了他的财产。罗伯特·密利根是西印度船业公司的副主席，也是创始人之一。

著录于 *Chinese Armorial Porcelain I* 第 414 页，*Made in China* 第 79 页。

45-1 图片选自 David S. Howard 编著的 *A Tale of Three Cities Canton, Shanghai & Hong Kong*

46 伊沃世德（Eversherd）家族纹章瓷潘趣碗
乾隆粉彩描金，1780 年，28.8 厘米

碗的外围是家族的纹章和小朵折枝花卉的装饰，内部一圈是由四组小碎花组成的花带。在外销瓷中采用西洋花卉的渲染手法和由小碎花构成的花带边饰（**图 46-1**），一般是 1760 年以后流行，也是广彩的一种特征。

这个纹章也许是出自伊沃世德家族，在伦敦纹章院里面并没有关于这个纹章的主要记录，但是这些纹章图案具有伊沃世德家族中的约翰·伊沃世德（John Eversherd）纹章的典型特征。因为在 1730 年的时候英国纹章院有记录显示，有一件瓷盘是为伊沃世德订制的，而那件瓷盘上的冠与这件相似。在 18 世纪的时候，这个纹章的拥有者也许是英国萨里郡的吉尔斯·伊沃世德（Giles Eversherd）的姐姐或妹妹。这件瓷器应该是在广州画的，而白瓷是景德镇生产的。

著录于 *Chinese Armorial Porcelain II* 第 470 页。

46-1　**渔业公司纹章瓷盘**　1775 年，23 厘米

47　英国东印度公司纹章纪念瓷
（椭圆形盘和高足盘）
1809 年，椭圆形盘，44.2 厘米

47-1 **东印度公司盾形纹章 木雕鎏金及彩绘，1730 年制作，大英图书馆、印度政府图书档案馆藏** 图片来自《瓷之韵》

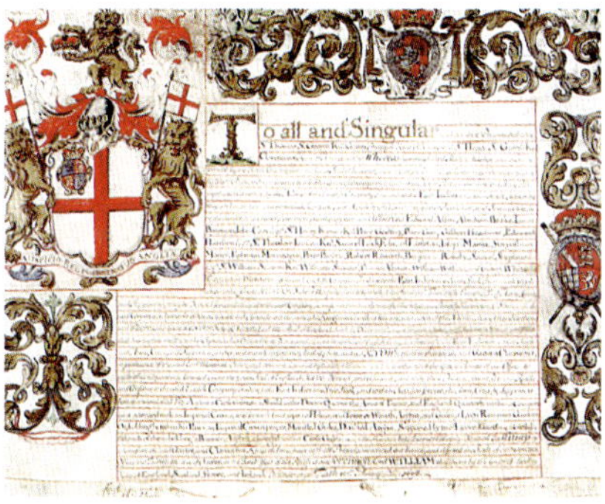

47-2 **1698 年 10 月 13 日东印度公司被批准的纹章 大英图书馆、印度政府图书档案馆藏** 图片来自《瓷之韵》

瓷器中心处是一个东印度公司的纹章（图 **47-1**），外圈有两个边饰都是当时比较流行的较为简单的纹饰，釉面有点偏黄。高足盘通常用于装水果和点心用，很小的底足放在桌面上不会占用太多的空间。

根据 1698 年英国的法案，新印度公司（图 **47-2**）和成立于 1600 年的老东印度公司在 1709 年正式合并。1809 年，英国东印度公司在雅加达召开合并后的东印度公司成立 100 周年大会。这套瓷器就是为这次大会订制的，每个与会代表都会拿到一件瓷器作为纪念。

著录于 *Chinese Armorial Porcelain II* 第 435 页，*Made in China* 第 84 页，*China Trade Porcelain of Exchange* 第 121 页。

中外人物故事

与中国陶瓷绘画传统一样，西方在中国订制的瓷器上也经常出现以西方的历史、文学和宗教故事为题材的画面，许多当时事件也被留在了瓷器上。

2010 年，纽约佳士得拍卖的一件 9 寸的盘子，最后售价为 4.5 万美元。这么小的盘子拍到如此高的价格，是因为这个盘子记载了英国的一个历史事件。自从 1640 年查理一世被送上断头台之后，英国的党派争端就没有停止过，即被称为“詹姆士党人”的保皇势力和辉格党人的斗争。1743 年四名詹姆士党人被处死，英国人喜欢的风笛手及其士兵（**见图一**）同伴被流放到了美国的佐治亚州。精明的商人立刻把以上事件画在了盘子（**见图二**）上。这个盘子的断代为 1745 年。由于这个著名事件，这个盘子的售价才会特别昂贵。

西方订单中有许多的宗教故事题材，其中绘有基督教故事的外

图一　版画和瓷器上局部绘画　现在苏格兰博物馆藏　图片选自 *European Scenes on Chinese Art*

图二　苏格兰士兵和风笛手图像盘　乾隆，1745年，23厘米　图片选自*China Trade Porcelain Patterns of Exchange*（左）

图三　雅阁娶妻盘　乾隆，1750年，23厘米　图片选自David S. Howard编著的*The Choice of the Private Trader*（右）

销瓷非常受欢迎，售价也比较高，有耶稣诞生之前的旧约故事，如《雅阁娶妻》（见图三）等，也有《耶稣诞生》、《逃亡埃及》、《耶稣受洗》以及《耶稣受难》等。更有趣的是，为了在中国传教，外销瓷中的宗教人物都被画成了中国人的模样。

在西方的文学作品中，有一些来自古希腊罗马的传说，这些神话故事也被大量地画在外销瓷中。著名的有《巴黎审判》，从1740年左右开始，一直到将近1760年都还有在中国绘制。我们从画工及

图四　堂吉诃德故事盘　乾隆，1750年，23.2厘米　图片选自*Masterpieces of Chinese Export Porcelain*

色彩上，能看出这个样式的前后绘制时间。一般来讲是前面的画得比较好。还有一些画西方文学题材的，如《伊索寓言》和《堂吉诃德》(图四、图五)。

许多中国宗教故事在西方也很受欢迎，最典型的是八仙故事。从明朝万历年间开始一直到清朝晚期，外销瓷中都有八仙的故事。康熙以前，八仙的故事大多用青花绘制，画面多为一些具体的如《八仙朝拜老子》(图六)、《铁拐李的故事》以及《汉钟离的传说》。到了18世纪中期，有些外销瓷的边饰上运用了“八仙过海”的图案(图七)，十分漂亮。19世纪，八仙的故事多作为独立画面出现，但画

图五 图片选自 *European Scenes on Chinese Art*

图六　八仙拜老子　图片作者提供

图七　鸳鸯戏水盘　八仙边饰　雍正，1730年，40厘米　图片选自David S. Howard编著的*The Choice of the Private Trader*（左）

图八　张生爬墙盘　雍正，1730年，35.7厘米　图片选自David S. Howard编著的*The Choice of the Private Trader*（右）

工比较粗糙。

中国传统的历史文学故事，也被大量地运用在外销瓷中，在明末清初，俗称过渡期的瓷器上，大量地画有历史故事。康熙末年以后，以西厢故事入画比较多，但西方人也有搞错的时候，有一个外销瓷盘，西方各个拍卖图录上都标注为《西厢记》，但经学者研究，却是《张敞画眉》。《西厢记》中的每一个章节故事在外销瓷中都有描绘，其中“张生爬墙”（见图八）的故事在每一个时期的外销瓷中几乎都有画到。同一个故事画面，烙上了不同时代的瓷画特征。

1　历史人物故事六棱形罐
过渡期青花，1600 ~ 1680 年

1-1 丙吉问牛喘 明崇祯，1628 ~ 1644 年，7.9 厘米 上海博物馆与英国巴特勒家族所藏 17 世纪景德镇瓷器

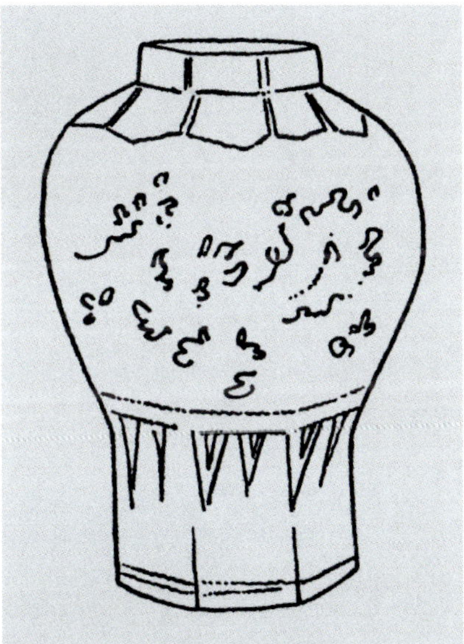

1-2 过渡时期的器形 图片选自 *Chinese Export Porcelain*

这是一件典型的过渡期青花罐，画工十分精细，瓷质坚硬。画的是一个官员在一条河边问一个头陀的情景。后面撑着华盖的两个随从在说笑，随从的后面是栏杆和树木山石。故事看不出出处，因为画面上明显漏掉了一些细节。从左边的官员随从的表情来看，有点像“丙吉问牛喘”（图 **1-1**），但是左边没有牛，而是一位头陀。

过渡期的青花有几种不同感觉。一种是以精细的勾线和多层次青花渲染手法，色泽青翠类似嘉万时期的精品。另一种是大笔渲染，精细勾线，发色青而蓝翠，具有明显的康熙风格特征。还有一种就是青花发色青灰。这个历史人物六棱罐就属于这一类。六棱罐（图 **1-2**）为过渡期的一种主要器型，康熙以后就很少出现了。

该藏品来自美国旧金山邦瀚斯（Bonhams）拍卖行。

附注：“丙吉问牛喘”故事，汉宣帝时的丞相丙吉有一次外出视察民情，正遇上因为皇帝外出要清除道路，驱赶行人而导致的群殴，死伤人员都躺在路上，丙吉从旁边经过却视若无睹，继续前行。随从的官员心中诧异，却不敢多问。过不多久，一个农夫赶着牛从道上经过，那头牛大口喘着粗气，舌头吐在了外面。丙吉见此情景，突然停下了脚步，派侍卫上前拦住农夫，询问缘由。随行官员为此对宰相的行为不满：堂堂一个当朝丞相，对于人命关天的大事置若罔闻，却关心一头牛的气喘，岂不是本末倒置？丙吉解释说：“群殴事件，本属地方管辖，我身为丞相，不能越俎代庖。可是，现在明明是春天，牛却好像遇到酷暑一样热得气喘，这恐怕是时令失调的征兆。气候反常恐有大灾。我作为朝廷百官之首，确保国家风调雨顺，使老百姓免受天灾之苦是我的职责所在，又岂可不问？”一番话让众人心悦诚服。

2 （上）康熙青花人物折沿花瓣汤盘
“大清康熙年制”款（见图 2-1），1680 ~ 1700 年，24 厘米

（下）杨四郎战辽国公主的故事
康熙青花人物盘，有“大明成化年制”六字款（见图 2-2），1690 年，32.5 厘米

2-1 盘底

2-2 盘底

传说杨四郎在金沙滩一战后，假名木易降辽国而成为驸马，于是又有了后来著名的四郎探母的戏文。在“大明成化年制”的青花盘中，六个花瓣中都有四郎和公主打仗的场面。中心画面是四郎在追辽国公主的画面。后面一棵杨柳和前景中的山石平衡了画面。而在同题材的官窑瓷盘中，六个花瓣画面皆为骑马的杨四郎和山石牡丹相间构成。中心画面则成了四郎退、辽国公主进攻的场景。

康熙晚期的这种六个花瓣形构成图样式，明显是从克拉克样式变化而来，这个盘子后面有“大明成化年制”六字款。历朝历代都有仿前款的做法，尤其是康熙年间，从仿宋代到以后各代官窑款的都有，而且仿制精美。同样构图的有康熙官窑款青花瓷，是不能外销的，官窑盘青花发色更为清脆透彻，画工精美，构图更为紧凑，瓷质较成化款细而白，青花层次更为丰富。相比之下，就画工而言，成化款与官窑款相差不大，但在青花瓷的瓷质和发色方面，官窑款瓷器更胜一筹。

该藏品来自英国伦敦佳士得拍卖行。

3　荷兰鹿特丹起义瓷盘
康熙青花盘，1690 ~ 1695 年，
20 厘米

3-1 **鹿特丹起义版画** 图片选自 *Chinese Export Porcelain Chine de Commande*

3-2 **鹿特丹起义银质纪念章** 图片选自 *China Trader Porcelain Patterns of Exchange*

画面是一排房子，前面是大门，门上有人在绑着绳子，而下面的一群人在拉着绳子要拉倒这个门，边饰是依照明代瓷器中常用的锦地开光图案。背后有“大明成化年制”的六字款。

画面表现的是 1690 年 8 月发生的鹿特丹起义。当时，为了记录这次事件，还制作了版画（图 **3-1**）和银质的起义纪念章（图 **3-2**）。市民考斯特曼因拒绝缴纳不合理的货物税，与蛮横无理的税吏发生冲突，导致税吏死亡，结果考斯特曼被判斩首。此事激怒了鹿特丹民众，他们发起暴动，推倒法院大楼，抗议不公正的判决。

著录于 *Made in China* 第 38 页，其他著录于还有 *China of West* 第 60 页，*Chinese Export Porcelain* 第 19 页。

该藏品来自纽约佳士得拍卖行。

4　耶稣被钉在十字架上
康熙青花人物杯盘，1690～1710年，盘子直径14厘米

4-1　乾隆，1740～1750年，口径18.5厘米，高8厘米　图片选自*European Scenes on Chinese Art*

耶稣被钉在十字架上，该设计来自欧洲的版画。线条是用中锋毛笔画出的明暗感觉，没有了底色，画面反倒显得十分简洁。这是早期少数的具有基督教纹饰的订单，故事出自《圣经·马太福音》第二十七章第三十五节到第五十节。耶稣头顶上的文字是“犹太人的王”。两边站着的人，一个是抹大拉的玛丽亚，另一边是圣母玛丽亚，有青花和五彩两种（图 **4-1**）。这个题材在外销瓷中还有另外一种版本（图 **4-2**）。

这些瓷器不是为西方人制作的，而是为便于传教，专为日本和中国的基督教徒制作。有传教士专门来到景德镇告诉窑工，制作的茶杯和茶托必须和传统的耶稣受洗画面十分相像。据说这种样式的盘子在当时远销日本。这是康熙时期的典型瓷质和青花色，存量很少。

该藏品来自纽约佳士得拍卖行，著录于 *Made in China* 第 120 页。

4-2 耶稣受难墨彩盘 乾隆，1740 年，22 厘米 图片作者提供

5　刀马人将军罐一对
康熙青花，1662 ~ 1722 年，高
55.3 厘米

这是典型的康熙青花刀马人将军罐，画面有点像攻克元大都的故事。元朝末年，徐达攻打元大都并把元顺帝赶出元大都。左边的将军罐画的是元大都的城门，元朝的兵将挥舞着大刀冲出城门，与前来攻城的徐达军队战斗。右边的将军罐描绘了徐达军队已将元顺帝追赶到城外山区。我们从有关资料上查到被反映的这场战争的版画（**图 5-1**），其中元顺帝的造型以及战争画面与该将军罐的画面比较相似。

这对青花罐的画面是一场战争的故事，左边的罐子画的是元军打开城门迎战明军的场面，右边的罐子则是画明军把元军追赶到了郊外，通常一对罐子上的画面一样，而这对罐子上的画面却是一个故事的延续，这在古代瓷器中极为少见。

这对康熙青花描绘层次丰富,画工精美。器形优美，青花发色清脆。盖子上画有五个小孩和洞石纹样，象征着五子登科。

该藏品来自上海私人收藏。

5-1《有板有眼说版画》之 27
元顺帝夜走大都城

6　骑射图盘
伊万里风格人物盘，康熙五彩矾
红描金，1715 年，22.3 厘米

这是来自日本的一个系列设计，这个系列的周边纹饰不变，中心的图案却有十几种变化（图 **6-1**），这个狩猎图便是其中的一种。画中膘肥身健的马儿在全速奔跑，飞扬的马尾将整个画面变得生动活泼起来。马上戴将军帽的人张开双臂显示出极好的骑射技术，也将狩猎现场的激情与紧张传递给观赏者，引人想入画面，体验“西北望，射天狼”的豪情。边饰中有花卉纹饰用青花勾线再填釉上矾红描金。

该藏品来自英国霍华德（Howard）家族。

6-1 矾红描金西厢故事图盘 康熙，28厘米 图片选自胡雁溪、曹俭编著的《它们曾经征服了世界》

7 伊万里西洋人物盘
康熙青花五彩矾红描金，1715年，22.5厘米

7-1 康熙矾红描金局部图 这件瓷器中妇女的形象已是中国人打扮，从这点看是稍晚一些的纹样 图片来自《它们曾经征服了世界》

画面的中心描述的是两个人坐在中国式的马车上，有仆人帮他们赶马车、撑伞。盘了·周围 ·圈是开光的花卉，青花勾线矾红和五彩填色。1684年，这个纹样从日本开始传入中国时，车上的妇女还是日本妇女的模样，边上男子还是大胡子的西方人。后来，妇女形象就越来越像中国人。这件盘子中的人物还有日本人的样子，在早几年，人们不太熟悉这个纹饰的演变历史，误以为中国康熙时期妇女特别开放，会和外国人亲密地在一起。画面构图是当时用得特别多的三段式构图，即：前景的栏杆、花卉、山石，中景的人、物、车、弓，远景的山、云和太阳。

这件瓷器来自纽约收藏家霍道夫（Hodroff）。

7-2 同样是稍晚一些出现的伊万里样式 图片作者提供

8　仕女婴戏图盘
五彩描金，18 世纪初，19.5 厘米

8-1《元机诗意图》 清 改琦（1773～1828年） 图片来自故宫博物院编的《故宫书画馆·第三编》

这是一组延续康熙雍正乾隆三代装饰样式的设计，边饰中有康熙时期的所有工艺——矾红描金、青花、五彩、洒蓝描金等几种。中心的纹样大约有十几种，这里有婴戏、寿星、皇帝和宫妃等三种。画面中仕女拿着折扇托着下巴靠在椅背上，神情慵懒安逸。小童前倾的身体似乎要够桌子上的东西。这一件就是这一类型设计中的婴戏图。

在中国画中，自明清以来，有单独的仕女画（图 **8-1**）品种和专门画仕女的画家，从意大利画家郎世宁的作品《人比花娇》（图 **8-2**）和大量的仕女瓷画出口来看，西方人特别喜欢中国瓷器上的仕女画。

该藏品来自美国旧金山。

8-2《人比花娇》 清 郎世宁

9 福禄寿图盘

五彩描金，18 世纪初，19.5 厘米

9-1　三星高照　图片选自《中国吉祥图案》（左）

9-2　福禄寿　图片选自《中国吉祥图案》（右）

这一件则是上面所述设计中的寿星图。鹿是中国古代传统文化中的神兽，在中国有长寿的象征，松树常青，挺拔直立，也有延年益寿之意。老寿星和童子画得生动活泼，整个画面用红、淡绿、深绿、黄、褐以及蓝多种色彩，色彩鲜艳明亮。福禄寿纹饰在中国传统纹饰中经久不衰，在当年外销瓷中也是很受西方人欢迎的纹饰（图 **9-1**、**9-2**）。

该藏品来自美国旧金山。

10　棋乐图盘
五彩描金，18 世纪，19.5 厘米

10-1 棋乐棒槌瓶 康熙，1662 ~ 1722 年，高 68 厘米 英国私人收藏（左）

10-2 棋乐棒槌瓶局部图 康熙，1662 ~ 1722 年，高 68 厘米 英国私人收藏（右）

这一件是系列中的宫妃图，皇帝和妃子在下棋，线条简洁利落，画面干净，富有立体感。这件瓷器从瓷胎和釉面上看像雍正时期的瓷器。看来这个系列设计从康熙中晚期一直延续到了雍正甚至乾隆早期，各类棋乐图题材在康熙时期比较流行。无论是在瓷器（图 **10-1**、**10-2**）上还是在文人绘画上都常见这个题材。

该藏品来自美国旧金山。

11　欧洲人物瓷盘
乾隆粉彩，18 世纪早期至中期，
30.3 厘米

瓷器销往法国市场，油画是1817年画成的。油画上描绘的是神话故事中的人物。画中妇女穿的衣服是法国洛可可风格，这种衣服在洛可可代表画家布歇的画中常见。这种油画被送到中国以后，中国艺术家很自然地使它具有了东方风格的平面装饰味道。将瓷盘与油画对比来看，瓷盘上的透视感和体积感被削弱了，画面空间的处理上比油画要好很多，背景以及少数亮色部分都被处理成空白效果。

从具有西方绘画风格的中国外销瓷器中我们可以看出东西方的审美趋向与区别。这也给中国画家以极大的启示：我们不能总是模仿别人的东西，应该发展我们自己民族的审美。

该藏品来自纽约佳士得拍卖行。

11-1 欧洲人物油画 18世纪早期至中期

12　牧牛图茶杯
康熙五彩矾红描金，1700～1720年，高11厘米

12-1 李可染《牧牛图》 图片来自网络

12-2 青花山水童子牧牛图盘 康熙，20 厘米
选自《清顺治康熙青花瓷》

12-3 图片选自《中国吉祥图案》

画面是非常生动的牧童追草帽的场景，一阵风吹飞了牧童的草帽，他伸出手臂想要拿回草帽。这使我们想起了李可染画的牧牛图（**图 12-1**），牧牛图是中国传统瓷器图案中一个很受欢迎的纹饰（**图 12-2**），有“天下太平”的寓意（**图 12-3**）。这个设计有一些日本伊万里风格瓷器的特色。

该藏品来自美国纽约佳士得拍卖行。

13 耶稣受洗图盘
康熙青花人物盘，1720 ~ 1730 年，23.8 厘米

这个设计是来自欧洲的绘画，取材于《马太福音》第三章第十五、十六节，写的是约翰为耶稣施洗，当耶稣站在约旦河里，天开了，圣灵从天上飞下来的场景。约翰一只脚跪着，手按着耶稣，耶稣光着上身前倾。边饰中由飘带连接花卉，上面有四个小天使。这四个小天使的形象俨然就是中国的胖小子，连耶稣都长得像中国人。18 世纪，欧洲为了在中国传教，画了许多基督教故事的瓷器。为了让中国人能够接受，画面上的人物都画得像中国人。没想到不一样的人物形象到了欧洲以后却大受欢迎。直到现在，外销瓷中的宗教故事的画面依然比较抢手。这是矾红描金的瓷器，这个图案也有墨彩和青花等三种样式（图 **13-1**）。

这件瓷器来自纽约收藏家霍道夫，著录于 *Made in China* 第 46 页。

13-1 **青花描金耶稣受洗图餐盘 中国江西景德镇，清·康熙至雍正，1715 ~ 1725 年，直径 50.8 厘米 维多利亚与艾伯特博物馆藏** 图片来自《瓷之韵》

14　伊万里风格人物盘
雍正青花粉彩描金，1723 年，
22 厘米

14-1 来自佳士得拍卖行 2010 年拍卖

仆人为贵妇人撑着洋伞的图案有许多版本，这只是其中的一种。边饰是锦地开光形式，开光的形状有点像花生，里面画的是蝙蝠、昆虫、蝴蝶等。画工用红色、土褐色、淡青色等多种色系装饰树木、野花，因而整个画面有了春意盎然的感觉，似乎是在表现春光明媚的日子里贵妇人来郊外踏青。画中仆人拿着食盒，为妇人撑伞遮阳，前倾的身体传达出两人匆匆前行的信息，不禁让人猜测他们到底要去干什么。这个纹饰在西方一直延续了将近一百年（图 **14-1**、**14-2**）。

这件瓷器来自纽约收藏家霍道夫，见于 *The Choice of the Private Trader* 第 57 页。

14-2 花瓶：36.8 厘米，花觚：25.4 厘米 18 世纪晚期到 19 世纪生产 图片来自佳士得拍卖行 2010 年拍卖

15　麻姑采寿桃盘
雍 正 粉 彩，1723 ~ 1736 年，
22 厘米

15-1　麻姑献寿　闵贞　图片作者拍摄

15-2　麻姑献寿青花盘　图片作者提供

手拿灵芝的麻姑，身着粉红色衣衫和绿色裙子，后面是棵梅花树，旁边是扛着锄头、担着寿桃的童子。前面的梅花鹿的“鹿”与福禄寿中的“禄”谐音，边饰是四组牡丹，象征长寿、富贵。

麻姑的题材历来为许多画家喜爱（图 **15-1**），无论是在瓷器（图 **15-2**）上，还是在画家的绘画上，麻姑常以青春妙龄的少女形象出现。看一张仕女画是不是画麻姑，通常有几个象征物件：梅花鹿、桃子、花篮、灵芝、锄头或旁边跟着的童子。

该藏品来自伦敦佳士得拍卖行。

16 人物盘
雍正粉彩，1723 ~ 1736 年，
22.5 厘米

中国官员衣锦还乡。他骑着马过河，仆人扛着重重的行李紧跟其后。盘子没有边饰，是满构图画面。远处红日悬挂在天幕上，垂柳、野花自得其乐地生长，与官员此刻的春风得意相辅相成，画面生动和谐。画马的瓷器在康熙时期比较多，雍正时期粉彩似乎更适合画花卉和仕女，粉彩画马和五彩画马的感觉确实不一样（图 **16-1**、**16-2**）。

满构图的画面在康熙前中期比较多，雍正时期已较为少见，所以这件满构图的雍正瓷盘应该是雍正中早期的，还有一个例证就是后面挑着担子的仆人，仆人的造型依然是日本风格（图 **16-3**）。日本仆人造型在雍正中晚期就很少出现了。

该藏品来自纽约收藏家霍道夫，著录于 *The Choice of the Private Trader* 第 64 页。

16-1 上面是粉彩的马，下面是五彩的马（左）

16-2 上面是粉彩的马，下面是五彩的马（右）

16-3 仆人对比

17 人物茶盘
雍正粉彩，1723 ~ 1736 年，
12.2 厘米

雍正年代的仕女和婴戏纹饰是非常精美的，同样这一类题材的瓷器也比较稀少和名贵。画面描绘了慈爱的母亲和顽皮的孩童。周围的装饰反映了当时的审美情趣和流行趋向，中国的仕女画中的仕女形象基本上都是画四分之三的侧脸相，因为正面相鼻子很难勾出高度，而四分之三侧脸则能最好地反映女性的美貌。这个头饰和服装在清代其他画家的绘画中也常见到（**图 17-1**）。

这个纹样构图空间的分布极为严谨，绘画十分生动。

该藏品来自英国古董商。

17-1 **《复庄忏绮图像》卷 清·费丹旭** 图片选自故宫博物院编著的《故宫书画馆·第二编》

18 文姬归汉图盘
雍正粉彩，1723 ~ 1736 年，
22 厘米

这是一件十分精美的雍正粉彩瓷盘，细胎薄釉。胡人打扮的男子手执烟杆，娇美的女子骑在马上，还有一个童子随行，边饰是西方的葡萄藤纹，画工十分精美。画面描绘的是文姬归汉的故事，蔡文姬为陈留郡国人，是东汉著名学者蔡邕的女儿，蔡文姬则于兵荒马乱中为董卓旧部羌胡兵所掳，流落至南匈奴为左贤王妻，后被曹操接回中原。盘子边饰的葡萄藤无疑来自西方，中心简约而精准的人物画犹如一幅古代大师的人物画精品。这种样式到雍正晚期就基本没有了，这件瓷器应该产生于雍正中期。

这件盘子的瓷质轻而透，从盘子背面可以看到正面的图案（图 **18-1**），如此精美细密的瓷土在官窑中都十分罕见，有人认为这是用淘土时浮在最上面的泥浆制成的。这件瓷胎有待于作进一步的科学检测。

该藏品来自纽约佳士得拍卖行。

18-1　图片选自 George C.Williamson 编著的 *The Book of Famille Rose*

18-2　人物茶盘底部图

19　隋炀帝故事粉彩罐一对
雍正晚期到乾隆早期，1730 ~
1740 年，高 62.2 厘米

19-2　乾隆，1750年，47.9厘米　选自佳士得2012年1月23日拍卖

此对罐上的场景（图**19-1**）取材于明末清初文人褚人获所著《隋唐演义》第三十五回《乐永夕大士奇观，清夜游昭君泪塞》。隋炀帝在宫中穷奢极侈，享尽人间豪华。这天，隋炀帝的车驾去西苑游玩，一行人来到畅情轩，那轩四面八角，宏大宽敞，台基皆是白石砌成，轩内结彩张灯。隋炀帝观看的节目之一，是由一二十骑宫女，扮作盘头蛮妇，都是短衣窄袖，不分队伍，如烟云四起，红的、青的、白的、黄的，穿林绕树，盘旋漫游。

这是一对十分精美的粉彩罐，从底部到盖子顶纽一共有八层纹饰，最为精美的是中间一层的杨门女将故事，画的是宫女们骑马操练的场景。她们从辕门和城门骑马出来，八九个人物和马匹姿态各异，生动活泼。无论是从城门口冲出来身穿红衣服的，还是半个马匹尚在辕门外正在整理头发的宫女，个个生动自然。尤其有趣的是宫女的不同动态和情节，和与之呼应的城楼上面的隋炀帝和宫女们调侃的生动画面以及男性文官们饮茶聊天的情节，这个内容更多的是被画在盘子上（图**19-2**）。

罐的造型，在公元前三千多年前的仰韶文化中的彩陶中就有了，那时的罐，高的、矮的、胖的、瘦的都有，

19-1　粉彩罐局部图

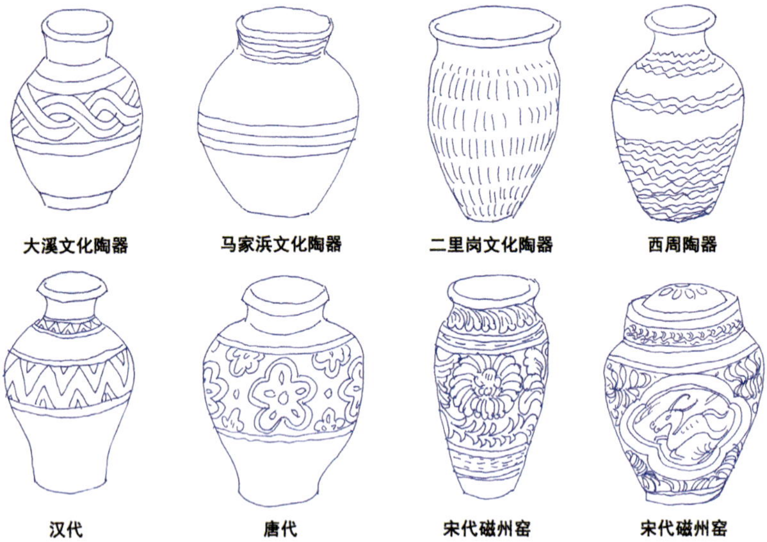

19-3　宋以前罐形演变

19-4　元代罐子的造型　图片选自中国硅酸盐学会编著的《中国陶瓷史》

只是没有盖。当时有束肩敞口，但没有束腰撇足的罐形，后来是先有束腰的罐；到了宋元时期，撇足的罐形依然不多（图 **19-3**、**19-4**）。清康熙年间，最典型的罐形是将军罐的形状。典型将军罐多用于国内。出口型的大多被要求改造，要么拉长与花觚一起五个一组放在家里的壁炉上，要么就像这对粉彩罐做得雍容大度放在桌子上或壁炉前面的两边。这种样式在大型的龙骑花瓶中也有（图 **19-5**）。

1730 ~ 1740 年的外销瓷在质量和相对数量上达到了较高水平。西方人对陶瓷艺术品多以商品的眼神看待。颜色越漂亮越好，画得越多越好，越细越好。画工细至少是耗时多，三个月画一件花瓶一定比三天画一件盘子的价格要贵十倍。这对花瓶画工精细典雅和生动有趣达到了极高的水平。人物造型准确生动，画面构图疏密相间，动静相映。在收与放、密与疏以及前后空间的处理上达到了空前的水平，是一对极其难得的粉彩精品。

该藏品来自纽约佳士得拍卖行。

19-5 清代各种罐的造型

20　仕女抚琴图盘
雍正乾隆粉彩，1735 ~ 1740 年，
23 厘米

20-1 仕女抚琴图盘 雍正，1735年，22.6厘米 图片选自 David S. Howard 编著的 *The Choice of the Private Trader*

这件瓷器的纹样自雍正中晚期到乾隆早期都能见到，雍正时期的风格比较简洁。因为这件仕女抚琴图盘有深色的满花纹边饰，边饰上有四个开光折枝花卉和四组矾红加金的图案，应该是雍正晚期乾隆早期的作品。没有深黑色边饰的，时间要更早一些（图 **20-1**）。这件瓷盘无论是中心画面还是边饰都画得十分精美，边饰上有八组开光纹样，深黑的底色是钴料彩，还是有人认为是将银子熔化了涂在盘子上面，经过几百年的氧化变成了这样的深色，到底如何形成的，不得而知。我们只有对它进行材料分析，才能知道准确的答案。

边饰里面的内圈是由深色锦地纹饰加细密浅黄色卷草纹构成。抚琴的仕女、花草树木、书案，以及桌上的茶具、书籍和花瓶，构成了一幅抚琴、品茶、读书的闲适场景，这是多么令人向往的生活！

雍正时期有许多精美的仕女图案，瓷器上的仕女图画，有的是从画家绘画作品中来，有的是从徽州的版画中来。这些仕女绘画的瓷器大多数十分精细，眼睛部分甚至还能分辨出上下眼睑（图 **20-2**），比例准确。衣服的褶皱画得细致，色彩渲染起伏，画出了明暗深浅。勾线的色彩和线条的粗细在人物皮肤和衣服、器形上有所区别，线条融入形体之中，精细、简雅。雍正时期的仕女人物画达到了极致。

该藏品来自邦瀚斯（Bonhams）拍卖行。

20-2 以下三个都是雍正时期的仕女婴戏瓷盘中的头像 雍正时期的仕女画得十分精美

21　牧牛图汤盘
乾隆粉彩，1740 年，22 厘米

21-2　花间吹笛牧牛过
图片选自《芥子园图谱》

牧童骑在牛背上，天空飞翔的大雁表示他正在归家途中，背景是远山和风水塔。因为欧洲人对塔特别钟爱，外销瓷山水风景基本都有塔。中景是房屋和农田以及骑着牛回家的牧童；近景是松树和山石。边饰是流行于 1740 年左右的迈森纹饰。外围底色采用玻璃白刻绘精美的花卉，开光处则是紫红色的山水画。最外的开光边饰与中心画面中间用窄边相隔，中心画面外框是如意纹构成的圆形。

无论民间还是文人画家都十分喜爱牧牛的题材（图 **21-1**）。在安徽版画和芥子园画谱中也有很多牧牛的画面（图 **21-2**）。这个瓷盘是中西纹饰结合的精美产物。

该藏品来自英国霍华德（Howard）家族。

21-1　李可染的《牧牛图》

22 张敞画眉盘
乾隆粉彩，1740 年，22 厘米

房前庭院处看去，有两个侍女正在往屋内送水。屋内有一张桌子坐着一位男士正在给一位女士描眉毛（**图 22-1**）。典型的德国迈森风格边饰，白色的粉彩画在白瓷质上，十分精美而雅致。三个开光花卉和深色的花纹在最外沿收边。整个设计完美而典雅。

雍正乾隆时期，很多的中国历史故事被画在外销瓷中，比如这件《张敞画眉》故事源自《后汉书》。张敞是西汉人，宣帝时为京兆尹。他和太太感情很好。因为太太幼时受伤，眉角有缺陷，所以张敞每天要替太太画好眉后才去上朝。有人把这事告诉给汉宣帝。一次，汉宣帝在朝廷中当着很多大臣向张敞问起这件事。张敞说：“闺房之乐，有甚于画眉者。”后来人们也用“张敞画眉”比喻夫妇恩爱。

该藏品来自纽约佳士得拍卖行。

22-1 张敞画眉局部图

23　耶稣诞生的故事盘
乾隆粉彩瓷，1740 年，22.2 厘米

23-1 耶稣诞生粉彩盘 乾隆，1740 年，22.9 厘米 图片选自佳士得 2010 年 1 月 26 日拍卖图录

23-2 西洋人物双连瓶 乾隆珐琅彩，高 21.7 厘米，官窑 图片选自叶佩兰编著的《中国彩瓷》

该画面描述的是一个《圣经》里的故事——耶稣诞生。在《圣经》故事中，耶稣诞生在马棚里，有几个博士前来拜访并送他宝盒。在这个画面上也有来访的博士和圣母玛丽亚以及耶稣的父亲约瑟，耶稣的头部画有光环，前面有一个躺着的毛驴，也许是博士的坐骑。耶稣诞生、受洗、受难、升天都是人们喜爱的题材。画面是以荷兰艺术家 Jan Luyken 的版画为基础的。瓷器的边饰在当时是非常流行的代尔夫特纹饰。中国艺术家用毛笔仿制版画效果，画工十分精美，仿制这张版画订制的外销瓷还有其他样式（**图 23-1**）。当时在中国，西方绘画样式十分流行。当时的洋彩瓷就是指画西洋人物样式的瓷器，分内造和外用两部分。内造是指官窑内务府造（**图 23-2**），外用则指外销瓷中的画法。

荷兰艺术家 Jan Luyken 的版画于 1734 年在阿姆斯特丹第一次出版，很快就被送到中国，运用在瓷器上。

著录于 *China Trade Porcelain: Patterns of Exchange* 第 66 页。

24　游方算命人给农妇看手相盘
乾隆粉彩描金人物汤盘，1740
年，23 厘米

24-1 中心图案

该画面出自一张欧洲绘画，画的是一位游方术士在给一位农场主的夫人看手相。边饰是荷兰代尔夫特样式。人物的装扮是典型的欧洲农村服饰，骑马而来的游方术士戴着草帽坐在地上，他身旁围绕着顽皮的孩童和两条狗，背着婴儿的农妇伸出手来似乎是让他看手相（图 **24-1**）。整个画面人物与狗的动态十分生动活泼。绘画中运用了西方的立体光影手法。

当时西方的写实手法绘画对中国景德镇画匠来说是个很大的冲击，陶瓷作品体现了中西文化的交融。在这一类模仿西方绘画的陶瓷作品中，有的画得十分准确，其光影和体积空间效果甚至超过西方陶瓷艺术家的作品（图 **24-2**、**24-3**），更多的只是将西方的艺术形式融入中国的平面绘画元素。

该藏品来自纽约收藏家霍道夫，著录于 *The Choice of the Private Trader* 第 83 页。

24-2 茶碗 乾隆，1765 ~ 1770 年，12 厘米 *European Scenes on Chinese Art*

24-3 图片选自 *European Scenes on Chinese Art*

25　苏珊娜和长老的故事壶
乾隆釉上彩的茶壶和杯子，1745 年

25-2、25-3、25-4　苏珊娜和长老故事的茶壶和杯子

这是用墨彩仿西方版画的一种形式。一棵树的旁边，下面有水。一个裸体女人和两个老年男子。另一面有的有房子和围墙。也有画着女子躺着而男子在旁边的，构图形式很多，但都是画着一个女人和两个男人的画面。

画面描述的内容来自《旧约》故事。苏珊娜在花园中洗澡时，两个好色的长老从藏身处出来要强奸她，并威胁说如果不从，就指责她不贞。苏珊娜拒绝了他们。尽管受到了错误的指控，但她的清白很快得到证明。这个故事为许多画家所喜爱，无论是油画（见图 **25-1**）还是版画都画了很多。大多表现苏珊娜的美丽和长老的丑陋。这个题材的外销瓷比较多见。这里选择的是同一主题的两套瓷器（图 **25-2**、**25-3**、**25-4**），彩绘是用墨彩仿西方版画。

该藏品来自纽约佳士得拍卖行。

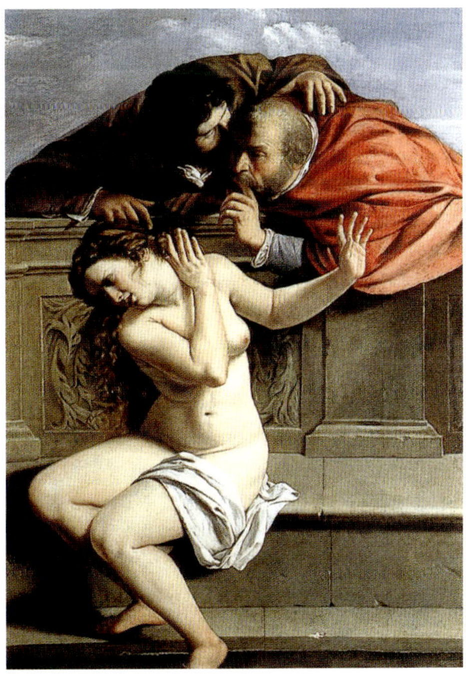

25-1　苏珊娜与长老　1610 年绘，作者蒿提列斯基（Artemisia Gentileschi, 1593 ~ 1696 年）

26 罗马神话故事瓷盘
乾隆粉彩，1745 年，22.2 厘米

26-1　图片选自 *Made in China*

26-2　日本生产的瓷器　1700 ~ 1725 年　图片选自 *Made in China*

画的中心描绘的是罗马神话故事中的神后朱诺坐在一辆神奇的战车上，在天空飞翔。下面是翻流的云彩，前面有孔雀拉着车，气氛有点压抑，战车画得十分精细。盘子的边饰是树木与村庄交替的四个开光图案，是当时流行的迈森风格纹饰。画面部分是用墨彩加金，而边饰的开光里却是用紫色画成的精美图案。

这幅画是按照西方的版画样式画成的，完全是版画的效果，人物比例画得十分准确。那时候有大量的西方版画和油画（图 **26-1**）被带到景德镇，康熙、雍正年间同时也在日本生产（图 **26-2**），景德镇的艺术家用毛笔画出版画刀刻的线条，画得十分精准。这种仿制西方绘画的外销瓷有青花、粉彩和墨彩等不同形式。希腊神话和罗马神话以及欧洲历史文学故事的画面有很多是用墨彩画的。

该藏品来自纽约佳士得拍卖行。

27 贵妃上马壶
乾隆粉彩奶壶，1745 ~ 1750 年，
高 40 厘米

27-1　贵妃上马　钱选（1239～1299年）绘　图片来自网络

该画面描述的是唐玄宗痴情地看着杨贵妃在宫女扶持下上马的情景。杨贵妃的娇柔体态和细致精美的服饰纹饰，生动准确的人物动态和疏密有致的画面构图精美无比。从宋人开始，如元代钱选、明代仇英等画家，都喜爱画“贵妃上马”的题材（**图27-1**），大多数都是画贵妃正在上马，唐玄宗在一边观看的场景。这幅釉上粉彩《贵妃上马》在历史上众多的同名作品画中，也是难得的精品。两三百年前，西方人了解中国绘画的途径以瓷器上的绘画为主，他们很少看到传统的中国画。

奶壶完全是西方餐具中的器形，如此大的奶壶是供大餐桌用的。从大奶壶中分出来牛奶到小奶杯中，再倒到各人的杯子中。由于功能不同，一般奶杯是不用盖子的；而奶壶要装满牛奶，并分到各个奶杯里，要保温和防止灰尘掉入，所以有盖子。奶壶和奶杯的造型是一样的。除了奶壶大一点外，有盖子的称为奶壶，没盖子的则是奶杯。

这个奶壶的边饰有青铜器的纹饰，也有德国迈森瓷的纹饰。一般《贵妃上马》的传统绘画中的人物这里基本都有，如侍卫、侍女。唐玄宗照样看着杨贵妃，该画面精美无比，是一件难得而罕见的中西结合风格的精品。

传统的中国历史人物故事和西方的器形结合，是外销瓷的一个重要特点。

该藏品来自纽约佳士得拍卖行。

28　帕里斯裁判盘
清乾隆粉彩盘，1750 年，22.8
厘米

28-1 《帕里斯裁判》 马尔康托尼奥 图片来自网络

《帕里斯裁判》描绘的是希腊神话故事。特洛伊王子帕里斯要在维纳斯、朱诺、雅典娜三人中评选出最美丽的女神，并赐予金苹果。帕里斯最终将金苹果授予维纳斯，维纳斯因此得“美神”之誉。

画面左边，帕里斯坐着，伸出一只手，拉住站在中间的维纳斯。朱诺戴着皇冠，雅典娜正在背身走开。边饰是 1740 ～ 1750 年较流行的代尔夫特纹饰，该边饰仿制银器的纹样被称为 Duqvier 巴吉额样式。整个画面用单纯的紫红色画成，完整而精美。

外销瓷中，关于这个故事的画面有不同的版本，有仿版画（图 **28-1**）的也有仿油画的。边饰有一种卷草的纹样，也有 Duqvier 巴吉额样式，色彩有墨彩描金以及矾红描金、青花等。

该藏品来自纽约佳士得拍卖行。

29 纺纱女盘
乾隆灰色描金人物盘，1750 年，
22.8 厘米

29-1 纺纱女盘 乾隆，1750 年，22 厘米 图片选自 *Chinese Export Porcelain in the Reeves Center Collection at Washington and Lee University*

根据西方版画画成，纺纱女（图 **29-1**）的题材也和中国的仕女图一样，表达的是少女思春（图 **29-2**）或思念情郎的心情，比如家喻户晓的《牡丹亭》故事。清代，有许多黑白版画被送到中国来绘制瓷画，天才的中国艺术家总是能画出精美的版画效果，又保持了东方的平面空间的特色。

该藏品来自英国霍华德家族。

29-2 柳梦梅图盘 清顺治至康熙早期，1655 ~ 1665 年，16 厘米 图片选自《17 世纪景德镇瓷》

30　农家乐茶壶
乾隆粉彩，1750 ~ 1770 年，
12.2 厘米

30-1 广彩农家乐图八方盘 雍正，23.2 厘米 图片选自《它们曾经征服了世界》

家庭主妇带着孩子们在自家院子里嬉戏，孩子们在喂猪食，脸上洋溢着天真的笑容，鸡在啄食，有一只鸡飞到猪背上，画面十分生动活泼，一派农家喜气洋洋的景象。那时农家乐题材（图 **30-1**、**30-2**）很受西方人欢迎，因为他们对中国人的生活很感兴趣，农家乐题材恰恰迎合了西方人猎奇的心态。

该藏品来自美国洛杉矶私人收藏家。

30-2 广彩农家乐图八方盘局部图

31　摩西过红海盘
乾隆青花盘，1760 ~ 1765 年，
24.7 厘米

31-1 **摩西过红海 设计草图亚伯拉罕（1564 ~ 1651 年） 图片选自** *China Trade Porcelain Patterns of Exchange*

31-2 **摩西过红海油画**

该设计是源自欧洲画家亚伯拉罕（Abraham Bloemaert）绘制的版画（图 **31-1**），画面描绘的是《圣经》故事中的摩西带领以色列人过红海的故事。该故事出自《圣经》旧约《出埃及记》，说的是摩西带领以色列人出埃及，遇到红海的阻隔，摩西带领众人下海，而海水神奇地让出通道的故事。摩西手中举着的权杖（图 **31-2**），在有的绘画中被画成三叉戟。

康熙的青花是以大笔渲染层次，再施以精准的线描手法。到乾隆时，渲染笔触小，描绘精细而略为琐碎。在外销瓷中有不少是关于《圣经》故事题材的，但是粉彩占绝大部分，青花类的比较稀少，这个青花盘是典型的乾隆青花手法。

该藏品来自纽约私人收藏。

32 人物故事巧克力咖啡壶
乾隆粉彩，1760 年，高 19 厘米

32-1 天使茶杯与茶托（8厘米） 乾隆，1755年 图片选自David S. Howard编著的*The Choice of the Pivate Trader*

这是一个用于装巧克力和咖啡的壶，有个黄铜片连接着壶和盖。天使坐在河边的石头上，背后有两个可爱的小天使在注视着他。这是根据当时流行的快乐小天使的绘画而画成的，绘画是西方的绘画手法。这种手法在中国陶瓷史上流行于乾隆中期，称之为洋彩瓷器，尤以"开光中绘泰西妇孺者"为至精之品（《饮流斋说瓷》）。同样题材的图案也被用在茶杯、茶托上（图 **32-1**）。

在侧面做出一个直形的把手，显然不是中国的器型，而是源自西方的银器奶壶造型。为了盖子不会掉落摔破，加上一个金属连接件，这种方式也是西方人常用的保护瓷器的一种手法。小天使的绘画在美国很受欢迎。

该藏品来自纽约佳士得拍卖行。

32-2 人物故事巧克力咖啡壶（背面图）

33 仕女童子茶盘
乾隆粉彩描金，1760 年左右，
19.8 厘米

这是一个广彩仕女纹样。在一个临水的亭子里，妇人旁边有一个小孩举着双手，似乎想要她手上的东西。小孩天真无邪，脖子上挂着麒麟锁，很有中国特色（**图 33-1**）。画面上远处的树、近处的人和中间的水将空间布局巧妙地分割开来，给人以身临其境的感觉。画法上中西结合，画面生动而流畅。边饰中五个浅色如意形开光和五个深色的如意形纹饰巧妙地进行图底互换，和花卉状的盘形显得十分协调。

该藏品来自美国旧金山。

33-1 **局部图**

34 贵妃醉酒盘
乾隆粉彩描金，1760 ~ 1770 年，
22.5 厘米

34-1　贵妃醉酒广彩盘　乾隆，23 厘米　图片选自胡雁溪、曹俭编著的《它们曾经征服了世界》

贵妃醉酒的故事在中国家喻户晓。盘子上画的就是杨贵妃喝酒的画面，旁边蹲着的是高力士在给杨贵妃斟酒，后面站着宫女。外圈是广彩中的金色描绘的细密花纹。内外两圈边饰中各有八个异形的开光画面，各画着山水花鸟纹样。

这个纹样设计多见于 1750 ~ 1770 年生产的广彩瓷(图 **34-1**)。1750 年左右的纹样大多没有广彩的边饰，也许此前这个纹饰的设计是在景德镇生产完成的（图 34-2 最左边的八角盘），以后，瓷器逐步转移到广州绘制釉上彩。早期广彩没有晚期画得那么繁复和富丽，图 34-2 中间和右边的两件瓷器应该都是广彩，然而它们只是在画法上有别于景德镇瓷器，构图上并不满。

该藏品来自美国旧金山私人收藏家，著录于 *Chinese Ceramice* 第 310 页。

34-2　贵妃醉酒瓶　图片作者提供

35　满族人物合家欢图盘
乾隆粉彩描金，1760 ~ 1780 年，
19.8 厘米

这是一个典型的“满大人”纹样。“满大人”的图案大多是描绘清朝官员的家庭生活。官窑中没有这种纹样的瓷器，这是外销瓷中的一个极为特殊的纹饰。西方人对中国的向往导致他们在1684年至1792年有许多西方画家跟随特使团来到中国，用他们的画笔记下了十七八世纪在中国的所见所闻，也包括中国官员的生活和工作（图**35-1**），这也是满大人纹饰的由来。边饰是四个锦地开光纹饰，开光中画的是花卉。这个画面不仅构图严谨，人物神态生动，而且画工水平非常高。

该藏品来自英国私人收藏家。

35-1　图片选自威廉·亚历山大编著的《1793：英国使团画家笔下的乾隆盛世——中国人的服饰和习俗》

36　合家欢图茶盘
乾隆粉彩满族人物，1770～1780年，12厘米

画面描述的是一家人在庭院的场景。两个小孩似乎在大人身边追逐打闹，又好像是在听父亲讲故事。这个“满大人”纹样的茶杯与茶托，画面色彩鲜艳，空间布局可以看出中西结合的迹象，也衬出画工的技艺之高超。满大人与家人其乐融融的题材不仅在瓷盘上有表现，也有这种题材的雕塑（图 **36-1**）。

该藏品来自美国旧金山私人收藏。

36-1 粉彩雕塑 乾隆，高 20.5 厘米 图片选自宝龙拍卖行 2011 年 11 月拍卖图录

37 仕女图茶盘
乾隆广彩，19 世纪，11 厘米

茶盘的图案精致漂亮。从人物的服饰上可以推断出画的是明代人物，但是故事情节和许多广彩中画的一样，都是一个男士在众多仕女中间（图 **37-1**），这究竟是《金瓶梅》，还是《红楼梦》，就不得而知了。从这幅画中也可以看出那个年代园林建筑的一些面貌，这也是瓷器所蕴含的文化意义。

该藏品来自美国旧金山。

37-1 **广彩戏剧人物盘 同治，1862 ~ 1874 年，21.4 厘米 图片选自《它们曾经征服了世界》**

38　广彩人物盘
19 世纪，28 厘米

中心一个圆形图案，四条以上带状花纹呈放射形，和边饰组合起来，将中心的四周分割成多个小画面，这种样式的广彩称为大奖章样式。这个盘子有四个画面、两组人物和两组花鸟，和大多数广彩人物画一样，这两组人物画都是以家庭人物生活的场面为题材的。花卉和锦鸡、粉蝶的组合也是19世纪的花卉瓷中常用的纹饰。

广彩中也有许多单幅画面的构图（图**38-1**）。

广彩是一种在广州画的釉上彩的总称。它的主要特征是：（1）画得很满，几乎很少留空白，而景德镇的画工基本上以中国画的留白方式来处理空间图案的图与底的关系，底是空白不画的，而广彩是一定要填满的。（2）色彩繁多，画工精细。除了红色以外，其他色彩也很鲜艳，颜色品种很多。（3）以金色为主。用金色勾线、填彩，满画面都填上金色，达到金碧辉煌的效果。广彩是中国画工迎合外国客户的审美品位的产物。

该藏品来自美国北加州卡麦尔私人收藏。

38-1 19世纪广彩 佳士得 2012年1月23日拍卖

39　传统神话人物海棠盆
清同治，1856 ~ 1875 年，28 厘米

39-1 钟馗 图片来自网络

39-2 底部

19 世纪有一些仿康熙的样式得到了延续和发展。如这种单个或分组的人物画装饰样式，在康熙时期是众多人物画样式的一种，到了 19 世纪则变得更加丰富多彩。有的分组并有一定的情节塑造，有的在人物的上边写有姓名。更多的是像这个盆，把不同的人物杂陈在一起，钟馗（图 **39-1**）、八仙、老子等等。也有的按道家故事分类，或按历史故事分类，也有佛教故事、神话传说人物。这件海棠盆，瓷质较为粗糙，但画面精致，不亚于康熙时期的画工（图 **39-2**）。

海棠盆和蝙蝠形的盆碗是 19 世纪的独特器形。这种器形成型有一些困难。但与康熙时期花瓣形碗和菱形瓶盆相比，19 世纪釉色粗而发闷，釉面较厚。

该藏品来自美国旧金山私人收藏。

40 庭院人物画盘
同治粉彩，1856 ~ 1875 年，26 厘米

画面描绘的是一个大户人家的生活（图 **40-1**）。绘画手法写实，又寓有深意。如孩子手中拿的如灵芝象征万事如意等吉祥含义。边饰有两层，内层的花卉连续在一起，外层却分为十二组；纹样为石榴和牡丹等，喻为多子多福的意思。

纹饰与彩绘具有明显的清末特征，即勾线与设色不是严谨的联系，而是比较随意。尤其是勾线，不是靠线来勾勒出造型，而是靠设色。设色与线条不是很严谨。这样的手法有点写意味，但层次和物体画多了就有些混乱。背面写有“维罗”两字款。

该藏品来自美国洛杉矶。

40-1 局部

41　八仙过海盘
同治粉彩，1862 ~ 1874 年，
23 厘米

这是一个流行了三百多年的纹样。“八仙过海”的陶瓷纹样始于明朝晚期，康熙、雍正和乾隆中期以前多以青花（图 **41-1**）的样式出现。这件“八仙过海”粉彩瓷盘在同治年间民窑瓷中算是上乘之作。人物造型生动活泼，大海波浪起伏，但又不显拥堵，彩云和凤凰呼应着下面的纹样。背后有“同治年制”四字款。

该藏品来自马来西亚。

41-1 **青花八仙人物盘** 顺治，20.9 **厘米** 图片选自故宫博物院编著的《清顺治康熙朝青花瓷》

42 人物故事果品盒
19 世纪粉彩，38 厘米

以传统人物故事为主要题材的粉彩果品盒。中心部分作为该故事的主要画面，描绘了一位官员向站在云端的一位仙女膜拜，而外围八个扇形小分盒则分别描绘故事的不同情节。虽然画面丨分精美，但是都无法看出具体的故事内容。果品盒的包装是 19 世纪的脱胎描金漆器（**见图 42-1**），侧面精美的花卉用贝壳镶嵌而成。

这种瓷器果品盒在 19 世纪较多，应该是一种属于 19 世纪的特殊器形。在这以前多见于一个整体制作的果盒。而这种分开来单个制作，整体合成的，在 18 世纪以前很少见。

该藏品来自美国旧金山。

42-1 **果品盒** 图片作者提供

来自西方的设计

欧洲各国的东印度公司为了贸易的需要，请专家设计了一些纹样来中国定做。有的纹样设计是为了促进茶叶的销售，如英国东印度公司专门设计了一套饮茶图案的瓷器纹样，这个设计在欧洲卖得很好，同时又促进了茶叶的销售量。一些专用的西方器形，如杜松子酒瓶（图一）和西餐具里面的一些特殊器形，都是从西方来的，在中国无人使用。

有一些著名的西方设计的纹样，有不同的专门收藏群体，如前面提到过的烟叶瓷和蓬皮杜夫人瓷，以及一些名家的设计，如设计洋伞系列的克里斯·普龙克（Cornelis Pronk，1691 ～ 1759 年）教授。也许是因为名家设计要求太高，这一类的设计成本都比较贵，因而不太好卖。在 1741 年，东印度公司终止了与普龙克教授自 1734 年开始的合作。但是，这些设计最迟到 1770 年还有仿制（图二、图三）。

外销瓷中的欧洲设计非常多，较为明显的还有一些纹饰，尤其是边饰。许多的精美边饰都是以产瓷区的名称来命名的，比如说“代尔夫特”纹饰，就是以荷兰的产瓷区荷兰南部一个叫做代尔夫特城市的名字命名。18 世纪晚期，英国东印度公司的一位名叫菲茨休（Fitzhugh）的官员设计了一组精美的纹饰，由四组花卉和中国的吉祥纹样组合，成为 18 世纪晚期和 19 世纪初期流行于英美的主要纹饰，并被嘉庆官窑采用。

图一 杜松子酒瓶 图片作者提供

图二 普龙克设计稿 图片选自《瓷之韵》

图三 普龙克教授设计的瓷盘 图片作者拍摄

在外销瓷中，有许多在中国人看来较为奇怪的设计，如有一种缺了一边口的盘子的设计（**图四**），一般人无法猜到它是做什么用的。通过这张图我们看到，原来是欧洲人用来刮胡子和剪头的（**图五**）。

在 18 世纪，许多中外纹样都混合在一起使用，有些纹样边饰是西方的，里面的图案是中国的；有些纹样把中国的纹饰和西方的纹饰结合得非常之好，如这个《八仙过海》的边饰和鸳鸯荷花（**图六**），中国的内容和西方图案的画法组合得天衣无缝，十分优美。中西方的不同艺术风格在外销瓷中得到很好的融合。

图四 刮胡子瓷盘 雍正，1730 年，34.9 厘米 图片作者提供

图五 刮胡子瓷盘 图片选自 *Made in China*

图六 粉彩鸳鸯图案盘 雍正，1730 年，55.8 厘米

1 出岛人物盘
康熙青花，1690 ~ 1710 年，
19.2 厘米

1-1　出岛盘　17 世纪到 18 世纪早期，19.7 厘米，日本生产，下面的盘子为常见的造型，上面的盘子则少见　图片选自 *China for the West*

这是一个来自荷兰的设计。一说这个画面取自荷兰的一个港口，一说是取自日本的九州。外围的边饰成海浪状，中心的图案在画匠对颜色深浅的熟练把握下展现出立体空间感。简笔勾勒的白云，远处的高低建筑、山脉，隐约可见即将起航的船舶桅杆。近处的人物和树木在画工不经意的组合下，有了浓浓的生活气息，让人有自己也是画中人的错觉。

这个设计有很多是日本生产而销往荷兰（图 **1-1**）。

该藏品来自纽约收藏家霍道夫，著录于 *The Choice of the Private Trader* 第 44 页。

2　伊万里花卉香料盒和两个烛台
雍正青花粉彩描金，1725 年，
烛台高 13.3 厘米

画面中是两个烛台，中间部分是伊万里瓷器。以青花画叶子，矾红画花卉，加上用描金勾勒形是伊万里花卉瓷的主要装饰手法。香料盒上面和下面的黄色的部分是运送到国外去绘制的。

在外销瓷中，烛台是特别复杂的一种瓷型，制作难度几乎比雕塑还难。有的复杂的烛台（图 **2-1**）要做出十几种形状的泥胎，再将其连接，然后还要上釉彩绘，不同形体的连接位置，彩绘有相当的难度。因此，烛台具有很高的艺术价值和收藏价值。

该藏品来自纽约佳士得拍卖行。

2-1 **烛台**
雍正，1723 **年**，**高** 38.4 **厘米 图片来自佳士得拍卖行** 2010 **年拍卖**

3 烟叶瓷盘
雍正粉彩，1735 年，23 厘米

3-1 烟叶 图片作者拍摄

这是一个典型的雍正烟叶瓷图案，由红、嫩绿、褐赤三色的烟叶状叶子和西番莲花卉纹样及皮球花纹等构成满画面构图，十分精美富丽。这类纹样之所以叫做烟叶瓷，是因为画面上大叶子很像烟叶（图**3-1**）的缘故。这件瓷质细致，娇嫩的黄绿色与红、褐色形成协调的对比色，有如江南的春天。画工细致而变化丰富的粉彩，加上勾勒精细的金线，显得富丽堂皇。

烟叶瓷是一种来自西方的设计，主要流行于1730年到1760年，它有几种不同的样式。烟叶瓷图案主要由孔雀、锦鸡以及西番莲花、牡丹花等动植物构成。这一种样式比较精致，主要产生于雍正年代，以细瓷薄胎为多。到乾隆年间也有粗瓷厚胎的，画工略粗了一些。另外一种有较为明显的日本伊万里风格，构图不对称。上面有鹤和锦鸡等动物。

该藏品来自美国私人收藏家霍道夫。

4　西洋人物盘
雍正粉彩，1730 年，22.5 厘米

画面上一位绅士和一个为他撑伞的仆人以及一条黑狗，这个设计使我们想到了普龙克教授的洋伞系列。边饰有十二个半圆开光的漂亮菊花状图案。我们不知道撑伞的系列设计到底有多少种，但是毫无疑问，他们都比普龙克教授的设计要早。而普龙克教授的设计是最完美的一种，也是这个纹饰的终结者，因为在他之后，就没看过这种纹饰的新设计了。

这个设计最早是在中国海禁时期日本生产（图 **4-1**）的。从盘子上仆人的造型中，我们依然能看到日本纹饰的痕迹。

该藏品来自美国私人收藏家霍道夫。

4-1 **阳伞系列盘**
1740 ~ 1755 年，日本生产 图片选自 *China for the West*

5 西洋人物盘
雍正粉彩描金，约 1735 年，
22.5 厘米

这是由一幅来自西方的油画改绘的，是一幅生动的男女情爱画面。一个西式建筑的庭院里，女主角似乎摔倒在地，而男主角过来搀扶她，形态生动，富有生活情趣。背景是临水的豪宅，有一个仆人正在窗口看着他们，左边有一棵大树，远处有教堂和城堡。从画面中可以看出，中国的工匠极力想画出油画中的立体光影效果，但是依然能保留着优美的平面空间处理的能力。这是一件典型的雍正精品瓷器。瓷质如玉一般清透。这个纹样在乾隆时期也有生产（图 **5-1**）。

1740 年至 1755 年，一种矾红描金、简洁的卷藤贝壳装饰边饰较为流行，这是典型的欧洲装饰纹样，大约有上百个订单用了这个边饰，而且还被用于其他仿制油画、版画的瓷器上。

该藏品来自美国纽约佳士得拍卖行。

5-1 西洋人物粉彩碗 乾隆，1755 年，23.7 厘米 图片选自 *The Hodroff Collection*, Part II

6　伊万里风格人物盘
雍正青花五彩描金，1735 年，
25 厘米

这是个青花五彩的伊万里样式，先在泥胚上画出青花部分，青花部分重点在边饰上。在青花上用金彩画了许多小花小草，边饰的空白处用矾红和金色等画着四组八宝纹样。中心画面用釉上彩精美地描绘了一对男女和一只小狗在花园里散步的情景。他们穿着18世纪的服装，好像一边走一边在交谈，小狗回头看着他们，场景非常生动。整个瓷盘色彩华丽，画工精美。（图**6-1**）

由于主要靠釉上金彩和矾红来描绘，所以同样的青花五彩瓷盘有些不同的品质区别：有的青花烧得特别好，有的青花颜色比较淡一些，有些金掉得厉害就会显得略微粗糙。选择伊万里瓷器的时候比较容易脱落的金彩保留的程度是一个重要标准。西方人喜欢在金彩脱落以后再加添金彩上去，而中国人则喜欢保持原样。

画面中的人，有人说是法国国王路易十四和他的情人；有人说是荷兰总督和他的老婆。其实，很可能就是一对情侣在散步。

该藏品来自美国纽约佳士得拍卖行，著录于*Chinese Armorial Porcelain I* 第62页。

6-1 中心人物局部图

7　人物汤盘（上）
乾隆粉彩描金，1736 ~ 1740 年，23 厘米，荷兰市场

人物汤盘（下）
乾 隆 青 花，1736 ~ 1740 年，23 厘米，荷兰市场

7-1 图片选自 *European Scenes on Chinese Art*

7-2 图片选自 *European Scenes on Chinese Art*

贵妇人在河边喂鸟，仆人撑着洋伞，后面是一排芦苇。外沿内圈是折枝花卉构成的二方连续，在外沿是蜂窝状的底纹边饰和八个小型开光图案。这八个图案的形状都来自中间大图内。盘子背后有七种小昆虫，画得十分精致，使人想到齐白石画的小昆虫。

谁是这个样式的设计者呢？这个样式是荷兰东印度公司提供的。公司开始找了一个叫代尔夫特的来设计（Delft，荷兰的一种代尔夫特纹饰是以他的名字命名的），但是他们不满意。后来就请到了克里斯·普龙克，他于 1734 年 8 月 31 日住进阿姆斯特丹，开始设计。当时到中国的订单都是经印度尼西亚转到中国。设计合约规定，设计者要负责成品的品质，和原设计一样，关于这个样式的部分记录保存在印尼的雅加达。

1737 年，普龙克给荷兰东印度公司设计的花伞系列瓷中，一半是青花，一半是青花矾红描金。这个订单共有 1279 件，其中有六个装盐的容器，十二个分菜盘，六个大直杯，十二个冷却杯，四百三十二个 9 寸的盘子。根据设计者与东印度公司的合约记载，他们之间是有版税的。而且每一种设计要做成六份。根据 1736 年 8 月 23 日的备忘录，这个设计在中国和日本分别做成不同的颜色，中国以青花为主。在日本做的内圈要大一些，女人身穿日本和服（图 **7-1**）。除了这些设计之外，还有一个粉彩设计是比较少见的（图 **7-2**）。

几乎所有关于中国外销瓷的书中，都介绍了普龙克的设计。

该藏品来自纽约收藏家霍道夫，著录于 *Made in China* 第 62 页。

8　人物茶叶罐
乾隆粉彩描金，1738 年，高 9.5
厘米

8-1 人物茶叶罐 图片选白
European Scenes on Chinese Art

这个设计也出自受雇于荷兰东印度公司的普龙克之手，但纹饰似乎又略有不同。因为在订制瓷器时，茶叶罐和盐缸等是另外订制的，不在成套的订单之内，所以这个茶叶罐数量少，收藏的价格也比较贵（图 **8-1**）。

在中国，这个纹饰瓷，先有青花瓷，后有粉彩。1736 年左右也在日本生产，因为成本太高，很快就停止生产了。1738 年转到中国生产，但依然有少数私人在日本人那里购买。19 世纪在威尼斯还有生产。

该藏品来自纽约收藏家霍道夫，著录于 *Made in China* 第62页。

9 饮茶图盘及茶壶
乾隆粉彩描金，1740年，23厘米，
茶壶高12.4厘米

9-1 **饮茶图盘** 1735 年，23.2 厘米 图片选自 *China for the West*

画面中的两个人着清朝服装，坐在一起喝茶。上下是一组西方样式的花纹，边饰来自德国瓷区迈森。这个设计在 1730 ~ 1740 年代比较流行。是迈森的一位画家约翰 · 格雷戈尔 · 霍雷德（Johann Gregor Horoldt）设计的。这种样式在欧洲的许多物品上都可以看到，后来传到中国复制在外销瓷上。中国制作这种样式的瓷器，由于价格便宜，成为迈森的竞争对手。这个样式的外销瓷有几个不同的纹饰（图 **9-1**、**9-2**）。

欧洲人喜爱喝中国的茶，东印度公司就势推出一套饮茶的中国瓷器，用于推动中国茶叶的销售。同时在英国推广喝下午茶的生活习惯。这时候，广州乘势出现了许多针对欧洲贸易的茶叶店（图 **9-3**）。

该藏品来自纽约收藏家霍道夫，著录于 *Made in China* 第 67 页。

9-2 **饮茶图盘** 1755 ~ 1770 年，茶托直径 11.7 厘米 图片选自 *Made in China*

9-3 **广州外销茶叶店** 1830 年绘 图片选自 Patrick Conner 编著的 *The Hongs of Canton*

10　钓鱼盘
乾隆粉彩，1740 年，22.8 厘米

画面描述的是一位绅士在湖边钓鱼的情景。湖边有棵老树，两只飞翔的大雁。前景是在岸边，破旧的鱼篓，小花小草的旁边放着个小篮子；远处是树丛和房子。边饰是四个锦地开光的纹饰，开光里面是山水纹样。这是荷兰代尔夫特受中国纹样影响设计的样式，是当时流行的代尔夫特样式中的一种。边饰在1740年和1750年比较流行。这个纹饰的瓷盘很有名。

该设计来自16世纪荷兰画家亚伯拉罕的版画，流行于17世纪和18世纪。这个纹饰至少有四个不同的色彩，有矾红、黑、白与咖啡色的，也有全彩色（图**10-1**）的。这个纹饰的瓷盘比较有名，尤其是全彩色的设计。

该藏品来自纽约收藏家霍道夫，著录于*Made in China*第65页。

10-1 钓鱼盘
乾隆，1740年，22.8厘米 图片选自Ronald W. Fuchs II & David S. Howard编著的*Made in China*第65页

11　西番莲烟叶瓷盘
乾隆烟叶八角盘，1750 年，
23.1 厘米

11-1 西番莲花

画中是一朵漂亮的西番莲，背后的几片大叶子衬托着粉红的花卉，叶子有两种颜色，边饰上散落着几个西番莲花苞。西番莲花是烟叶瓷中一个主要的纹样，这个图案从真实的花卉（图 **11-1**）精简变形而来，抓住了西番莲花形优美的特征。整个盘子只画一个大西番莲花，在外销瓷中十分少见。

盘子的色彩十分饱满均匀。

该藏品来自纽约佳士得拍卖行。

12　伊万里样式盐缸
清代，1720 ~ 1730 年，口径
8.25 厘米

这种盐缸一般是放在餐桌上面碗旁边的。有记录说这种设计源自一种银式盐缸（**图 12-1**），设计十分特别，盐缸呈圆柱状，边饰的地方有圆模雕刻形的装饰。矾红描金部分应该是在欧洲加上去的。

盐缸、茶叶罐、调味瓶一般不在成套餐具的订单内，是额外订制的，所以价格会比较贵。盐在中世纪和文艺复兴时期是放在大的容器里面的，17 世纪以后，小型盐缸才开始流行起来。而 18 世纪一套标准的餐具中，一般有四只这样的盐缸。在普龙克教授的设计稿中也有盐缸的设计图（**图 12-2**）。

该藏品来自纽约佳士得拍卖行。

12-1　图片来自佳士得拍卖图录

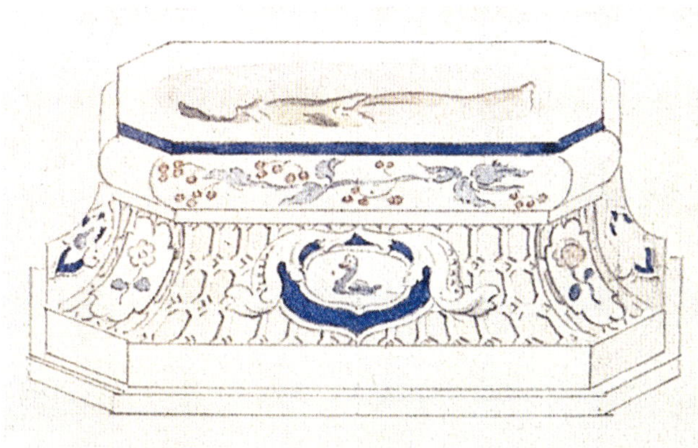

12-2　盐缸水彩设计稿　克里斯·普龙克绘制于 1734 年

13　伊万里样式调味瓶
清代矾红描金，1725 ~ 1750 年，
高 13.3 厘米

一般来讲，这种调味瓶是装调沙拉的酱，一套两个。更讲究的人家有时会多用几个瓶子，大都是装调味品如番茄酱、酱油、辣椒酱、糖、芥泥之类的东西。瓶子上面矾红描金的装饰在18世纪比较流行。

这种调味瓶有可能是由意大利发明设计的。15世纪时意大利的食谱中就有了沙拉，他们发明了调味瓶，之后流行于整个欧洲。这些瓷质调味瓶的设计也是源于银质和玻璃调味瓶（图**13-1**）。

该藏品来自纽约佳士得拍卖行。

13-1 **银质调味瓶　伦敦制，1723年，高15.5厘米**　图片选自佳士得拍卖行2010年1月拍卖图录

14 花鸟烟叶瓷
乾隆粉彩，18 世纪中晚期，
24.4 厘米

14-1 花鸟烟叶瓷（局部）

画面描绘了一只锦鸡和树鼬在五颜六色的大叶子中栖息的场景，围绕着它们的是争相开放的朵朵鲜花，娇艳欲滴。整个画面（图 **14-1**）和谐自然，十分生动。大的烟叶充塞了近一半的画面空间。与之相对应的是小碎花，稍大一些的西番莲花卉多出现在大叶子的前面。画面处理得十分完美。

1750 年以后，传统样式的烟叶瓷纹饰没有了，取而代之的是这种大叶子、锦鸡形式。这种纹饰同时在欧洲和日本都有生产。

该藏品来自纽约佳士得拍卖行。

15　告别　人物碗
乾隆粉彩描金，1770 年，25.2
厘米

15-1　**告别　人物碗　乾隆粉彩描金**，1770 年，25.2 厘米　图片作者拍摄

15-2　**送别油画**　1857 年（Henry Nelson O'Neil）　图片选自 *Monsoon Traders*

这个设计来自法国，画的是一对欧洲男女正在和远航的商人告别。该设计的绘画技巧一般，但题材比较新颖少见，因此有较高的收藏价值，这个设计在东印度公司职员家庭中很流行，我们还找到这个设计的另一个样式（图 **15-1**）。当时东印度公司的船长和船员、商人等工作人员往返中国一次需要三年时间，又因为消息传递不畅，再加上一些不确定因素，如生病、死亡等，离别便成了当事人心中的一道坎，当时也有不少画家画了这个题材的绘画（图 **15-2**）。这个设计对于有过羁旅体验的商人便有了特殊的意义。

该藏品来自美国收藏家霍道夫，著录于 *The Choice of the Private Trader* 第 200 页。

16 嘉庆青花菲茨休样式花卉盘
1796 ~ 1816 年，32 厘米

16-1 安托尔博思（Antrobus）家族纹章瓷盘 嘉庆，1800年，23.8厘米 图片作者提供

这个设计始于1760年，由东印度公司的官员托马斯·菲茨休（Thomas Fitzhugh）设计。从1798年到1815年，托马斯·菲茨休利用他的总领事的职位抵制东印度公司的垄断贸易。

这个花卉设计取自中国传统花卉纹饰，如牡丹、菊花的图案，加上中国文人的书画和文房器具组合。中心则是一个图形的适合纹样，这个纹饰也被用在家族的纹章瓷上（图**16-1**）。这个设计主要销往美国市场，同时受到中国和西方人士的喜爱。

该藏品来自英国伦敦佳士得拍卖行。

外销瓷中的花鸟纹饰

花卉和鸟儿都是大自然的美丽恩赐，中国绘画中就有花鸟画这样一个独立的画种，专门描绘鲜花的美艳和生灵的百态，并赋予了精神内涵，如菊花的坚贞，竹子的气节，兰花的清雅，梅花的高洁，松鹤的长寿，牡丹的高贵。

外销瓷中的花卉，牡丹用得最多，其次是菊花、莲花、竹子、梅花（图一）等，常和小鸟、动物、山石、栏桥相结合。洞石大多画成“8”字形。画有鸟和花卉的瓷器，花枝一般采用折枝造型，以便能让小鸟停留。动物也多有象征意义，如仙鹤象征长寿、鸳鸯象征爱情（图二）、喜鹊象征喜讯、蝙蝠象征幸福、金鱼象征有余等。组合起来意义就更加丰富了，如两个鹌鹑放在一起，叫“双鹌”，放在门口表示“出入平安”。动物和花卉的组合，用其谐音的含义，体现了人们对美好生活的追求和愿望，也使人们得到了精神的慰藉。

在外销瓷中，花卉画得尤为精美。西方人也许不是很懂中国传统花卉纹饰中的象征内涵，但是优美的花卉人人喜爱。青花瓷由于色彩单纯，不易表现绚丽的色彩。平涂的五彩虽然有各种鲜艳的颜色，但没有层次的变化。五彩瓷的花卉纹饰大多是小花和碎花，因此康熙五彩最美丽的花卉纹饰是五彩花篮图案，十分精美。粉彩就不一样了，粉彩不仅有丰富艳丽的颜色，而且可以画出深浅的渲染，尤其是红色，特别娇艳，所以雍正粉彩花卉是整个花卉纹饰中最为

图一 《中国吉祥图案》(*Hidden Meanings in Chinese Art*)(左)

图二 《中国吉祥图案》(*Hidden Meanings in Chinese Art*)(右)

图三 从左到右分别是粉彩、五彩、青花 图片作者提供

精美的(图三)。

在康熙青花以及五彩中，锦鸡、孔雀以及凤鸟不多见，比较多的是一些雀鸟和河鸭，它们的造型大多来自画家们的绘画作品。如新罗山人画的两只相对而鸣的雀鸟造型，就经常出现在瓷盘上。雍正粉彩的出现，使得艺术家们开始画美丽的公鸡、锦鸡、孔雀和凤鸟，并多与花卉组合在一起。雍正以后，尤其是乾隆中晚期后，花鸟画就变得比较粗糙，许多艳丽色彩的配方似乎也失传了，雍正时期的一些颜色在18世纪后期就再也没有出现过。

1 伊万里花卉盘
康熙青花粉彩描金，1700 年，
35.5 厘米

1-1 花篮造型盘 图片作者提供

画面的中心描述的是一个花篮，在花篮里放着几种漂亮的花卉，花卉生机勃勃的样子感觉像是种植在肥沃的土壤中，长长细细的花茎从花篮中伸出来，似乎在风的吹拂下，花儿在摇曳的花茎带动下随风跳舞。瓷盘的周围也是各种各样漂亮的花卉，细长的花枝和梅花粗老的树干形成两组对比，使得边饰中的四组花卉十分生动、精美。背面也画满了五彩的花卉纹饰，十分丰富。

花篮造型是一个中国的传统造型，是八仙之一蓝采和的法器，被古代中国人民赋予“长寿”的寓意，在很多瓷器上都可以找到花篮的造型（图 **1-1**、**1-2**）。

该藏品来自英国伦敦佳士得拍卖行。

1-2 粉彩花篮 图片选自胡雁溪、曹俭编著的《它们曾经征服了世界》

2 花鸟鱼藻盘
康熙五彩，1662 ~ 1722 年，
22.5 厘米

这是典型的康熙五彩花鸟图案，中心是牡丹和喜鹊，边饰四个开光，绘有鱼、海藻及虾，在很多瓷器中均可以看到鱼的身影（**图 2-1**），鱼和虾的形态动作都不相同。牡丹花显得生机勃勃，喜鹊飞上高高的枝头，向右弯的尾巴将整个画面由静态变成动态。而瓷盘整体采用了大俗大艳的绿色和红色，用色浓重。四个开光的地方恰到好处地将喧闹的画面控制得不那么拥挤。整个画面十分生动、漂亮，给人喜气洋洋的感觉。

喜鹊在中国传统纹样中代表着喜讯、好运，牡丹代表着富贵，鱼虾寓意“年年有余”，整个纹样象征着富贵有余。

该藏品来自美国纽约佳士得拍卖行。

2-1　瓷器中的游鱼　图片作者提供

3　伊万里花卉盘
雍正青花矾红描金，1723 ~ 1730 年，41 厘米

画面是由菊花和兰花构成的花卉图案，中心部分由蓝色画了一个圆，中间是一朵菊花，两组类似烟叶瓷的花瓣。这种从日本传过来的伊万里风格纹样，原来有许多是不对称的图案，由于中国人喜欢对称纹饰，所以在 1720 ~ 1730 年比较流行这种对称的伊万里风格纹样，而且蓝色由釉下青花改成了釉上彩蓝色。边饰中的方块形明显来自日本，日本的这种样式是受中国克拉克瓷（**图 3-1**）的影响而改编的一种纹饰，在中国外销瓷中，伊万里风格的瓷器有一部分是这种边饰。

来自美国旧金山伯得富拍卖行。

3-1 **中国克拉克瓷**

4　伊万里花卉盘
雍正青花矾红描金，1720 ~ 1730 年，37.6 厘米

4-1 花卉盘局部图

以菊花为主的花卉纹饰，内圈的上下和外圈的两边都是青花花卉，其余地方相对应的是矾红描金的花卉纹饰。同样的花，因为用色和花瓣形状的不同处理而呈现出不同的形态。盘子上蓝色、金色的百合花和菊花竞相争艳，盘子上的花有十多种样式（图 **4-1**）。除此之外，蓝色和红色、金色之冷暖色的巧妙分配，配上洁白的瓷盘，显得十分和谐。这种伊万里纹饰流行于 1720 ～ 1730 年。

该藏品来自美国旧金山伯得富拍卖行。

5　伊万里花卉（吉祥平安）盘
雍正青花粉彩描金，1723 ~ 1735 年，31.2 厘米

盘子中心有一个展开的画卷，山水画用墨彩处理，中心画面运用了形态颜色各不相同的花朵包围画卷和花瓶的手法。这是伊万里风格的花卉图案中常用的组合，边饰中蓝色的花藤状纹饰作为衬托围在矾红加金色的莲花和其他小花叶周围，增加了边饰的层次。这里的蓝彩不是青花，而是釉上蓝彩。由于伊万里青花釉上彩要烧两次，所以为了节约成本，从雍正时期开始釉上蓝彩替代了釉下青花，其效果更加稳定，更加莹润光泽。

有画卷、有花瓶的图案在中国叫博古，博古图案集八宝、四艺、福寿等而成，是喜庆节日中常见的吉祥图案（图 **5-1**）。

该藏品来自美国旧金山伯得富拍卖行。

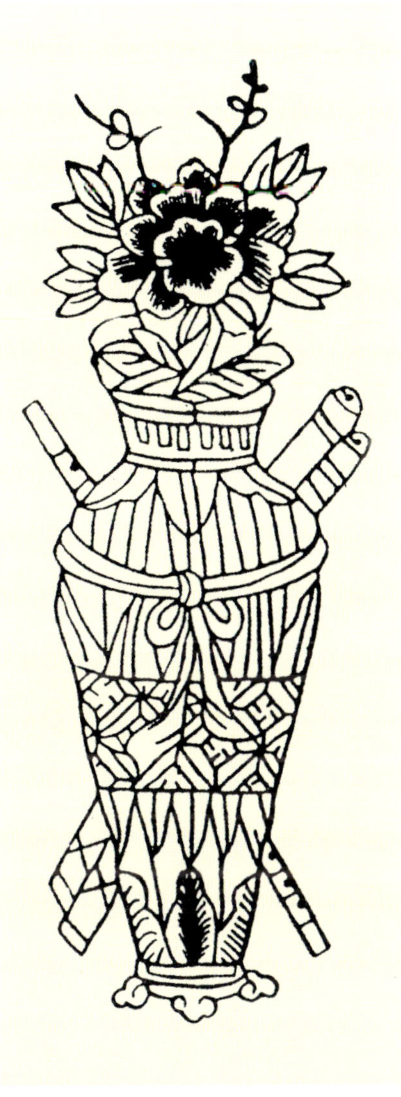

5-1 **博古图案** 图片选自伍小东编著的《中国吉祥图案》

6　吉祥花卉盘
雍正粉彩，1723 ~ 1735 年，
22.5 厘米

6-1 **百宝图** 图片选自《中国吉祥图案》（*Hidden Meanings in Chinese Art*）

画面风格源自日本。花卉图案的开光中心花卉是百合、牡丹和西番莲，除花卉外我们还可以看到如意、芭蕉叶和灵芝，这些是从百宝图案（图 **6-1**）中选了几个组合而成。边饰由一些喇叭花、兰花、卷轴样的锦地纹饰等构成，开光的形状是一种四个花瓣与四个尖角的组合的形状。尖角与花瓣似乎是不和谐的，但是在这里却更显得十分生动。画面洋溢着春天的气息。

该藏品来自英国霍华德家族。

7 花卉粉蝶盘
雍正粉彩，1723 ~ 1736 年，
22 厘米

7-1　**蝶恋花**　图片选自《中国吉祥图案》(*Hidden Meanings in Chinese Art*)

画面描绘了一只蝴蝶在牡丹花丛中翩翩起舞的景象。精细的线条勾勒出蝴蝶扇动翅膀的动态，娇艳盛开的牡丹和轻巧动人的蝴蝶相互辉映。边饰纹样很有趣，两组莲花中间夹着海螺，海螺也是八宝图案中的一个元素。另外两组牡丹中间画着南瓜，南瓜和蝴蝶画在一起表示瓜瓞绵绵，整个画面构图清新脱俗，生动漂亮。

蝴蝶围着鲜花也叫蝶恋花，蝶恋花（**图 7-1**）是刺绣以及瓷盘喜欢采用的题材，有欢喜、爱情、好运的意义，蝶恋花的图案经常被用在结婚以及妇女的衣服上。

瓞（dié）是小瓜的意思。《诗·大雅·绵》："绵绵瓜瓞。""瓜之族类本有两种。大者曰瓜，小者曰瓞。"

该藏品来自美国旧金山私人收藏。

8 伊万里烟叶瓷盘
雍正，1725 年，22.6 厘米

中心的青花色绘的是烟叶，矾红描金画的是西番莲。中心部分线条的处理很柔和婉转。画工在内圈边饰上用斜直线交叉的方块纹样间隔着四个小开光花卉，并形成一种对比。盘子周边围绕的是烟叶和西番莲的花边。整个盘子的设计精巧大方。

盘子上的烟叶在 18 世纪晚期开始越来越像白菜，19 世纪瓷盘上白菜样式风靡一时，白菜在中国人心中有着清白和发财的美好寓意。（图 **8-1**）

该藏品来自美国北加州萨拉托加市私人收藏。

8-1 **花卉草虫粉彩纹盘 乾隆，29.3 厘米** 图片选自胡雁溪、曹俭编著的《它们曾经征服了世界》

9　花卉盘
雍正五彩，1723 ~ 1735 年，
22.5 厘米

9-1 **榴开百子图** 图片选自苏富比2003年6月拍卖图录

画面中心开光部分画的是牡丹花纹，大朵的牡丹娇艳盛开。四周边饰采用小圆珠底饰上绘有缠枝花卉和四个开光的小海棠布局，缠枝花卉采用莲花，在开光的小海棠里则是兰花和牡丹。尤为巧妙的是，中心海棠开光图案转换成为四个开口石榴的形状。开口石榴（**图9-1**）象征着“多子多福”。这个边饰糅合了石榴、海棠、莲花、兰花、牡丹花等多种吉祥意象。

该藏品来自美国斯坦福大学私人收藏。

10　花瓣形花卉盘
雍正粉彩，1723 ~ 1735 年，20
厘米

画面中是典型的雍正粉彩牡丹花卉，粉绿和深绿的色彩映衬着粉红色的牡丹花，中心部分是在圆圈内的大朵牡丹，旁边是三组芙蓉与牡丹花构成的边饰。盘形为九瓣花卉型，这种器形成型较难。不规则的边饰底纹增加了盘子的审美趣味，精巧新颖的器形与独特的边饰增加了这件瓷器的价值。盘面华贵热闹，生动活泼，精致漂亮。这个设计从雍正晚期直到乾隆时期。

这个盘子的花卉以芙蓉牡丹为主，牡丹是众所周知的富贵花，和木芙蓉组合在一起就是“荣华富贵”的意思（**图 10-1**）。

该藏品来自新加坡私人收藏。

10-1 **荣华富贵图** 图片选自《中国吉祥图案》(*Hidden Meanings in Chinese Art*)

11 花鸟盘
雍正青花，1723 ~ 1735 年，23 厘米

11-1 花鸟盘局部

这个山野图画的边饰在中国官窑和民窑都有，边饰中有耕牛、村庄，有山有田，一派和谐的农耕景象。中心画有正在欢叫的锦鸡、层叠盛开的牡丹和轻巧飞舞的粉蝶。中心图案外还围有一层云头纹边饰，云头纹又叫如意纹，流行时间长范围较广，其中蕴含了朴素的中国劳动人民的美好愿望：如意像云朵一样绵延无绝。整个瓷盘青花层次丰富却不失简洁清新，造型也非常生动。

锦鸡也被称为“绶带鸟”，代表着长寿，石头又被称为“寿石”。蝴蝶的“蝴”字在中国某些地方的发音会和“福”、“富”相近，而“蝶”的发音又和表示七十岁到八十岁的“耋”一致，所以蝴蝶既被人寄寓了“富贵福气”，又有长寿的祝福，整个画面（图 **11-1**）就是“富贵长寿”的寓意。

该藏品来自英国霍华德家族。

12　牡丹竹石花鸟茶壶
雍正粉彩，1723 ~ 1730 年，高
26 厘米

在康熙晚期和雍正早期，这种松石、翠竹和牡丹的组合图案在青花和粉彩瓷上比较流行，这是该样式的一种外销图案（**图 12-1**）。坚硬的石头和挺拔的竹子映衬着柔软娇嫩的牡丹花，运用点、线、面和质感的对比使得画面更加生动，这种组合深得欧洲人喜爱。茶壶外形是一个寿桃的形状，一般称为寿桃壶，该壶型为中国传统茶壶造型。

竹子取其谐音“驻”，石头代表长久，牡丹代表富贵，整个图案象征着“富贵永驻”。

该藏品来自美国卡迈尔市。

12-1 牡丹竹石花鸟茶壶局部

13 粉彩花卉大盘
雍正，1723 ~ 1735 年，38 厘米

这是一个典型的雍正粉彩大盘，画面是一个系有丝带的花篮，花篮中有两朵漂亮的牡丹花，还有寿桃、石榴，象征着富贵长寿和多子多福。边饰是由牡丹花和梅花组成的，另外还有几个吉祥纹饰。花篮由铜钱状的纹样构成，这种花篮在康熙青花中出现过。画面构图新颖别致，引人入胜。

雍正的粉红色十分典雅，也很特别。到乾隆年间，尤其是乾隆中期以后，粉红色不流行了。这个盘子在画工和色彩以及釉色上可以作为雍正的典型器皿。花篮样式是康熙年间的青花（图 **13-1**）和五彩瓷中的一个常见样式，雍正时期用粉彩表现，似乎比康熙年间的更加富丽。

花篮是八仙中蓝采和的法器，蓝采和在八仙中掌管寿命，于是他的法器就有了长寿的意思。

该藏品来自美国纽约佳士得拍卖行。

13-1　**花卉盘**　图片作者提供

14 伊万里风格花卉盘
康熙雍正青花矾红描金，1710 ~ 1730 年，44 厘米

14-1 伊万里风格花卉盘

14-2 放置大盘子的木架

整个瓷盘以牡丹和菊花为主要纹样，釉下青花部分不仅有精美的锦地纹样，而且还用青花勾画牡丹、菊花和大小叶子，和其他的伊万里花卉瓷相同的是主要的牡丹和菊花纹饰是矾红加金在釉上画出，不同的是釉下青花部分依然画了一些精美的锦地纹饰。因为这个时期的伊万里花卉瓷，青花部分大多只是画一些叶子和枝干，可是这件花卉盘釉下青花却画得十分精美而生动。这个盘子的牡丹花形状又和西番莲的花卉造型有些相似，这两种花卉造型特征较为混淆，是因为当时的中国陶瓷艺术家还不是很熟悉西番莲花卉的造型特点，到了清朝中晚期，牡丹和西番莲就能区分开（图 **14-1**）。

西方人将大盘子挂在墙壁上，作为房屋的装饰品。作为餐具，特别大的盘子用一种特制的木架放置在厨房中（图 **14-2**）。

该藏品来自美国纽约佳士得拍卖行。

15 螃蟹牡丹盘
雍正粉彩，1723 ~ 1736 年，
22 厘米

15-1 青花五彩盘 图片作者提供

这是一种流行了一段时间的花卉样式，这种样式有康熙时期的青花五彩（图 **15-1**），也有雍正时期的粉彩，但至今没有发现乾隆时期的。明代，螃蟹常与荷花同置一处，寓意和谐，螃蟹和牡丹放在一起则是富贵和谐，是一种外销样式。

这一对螃蟹牡丹瓷盘较为难得，应该是雍正中后期产品，牡丹花的画法基本是中国传统国画样式，纹饰构图简洁典雅，节奏感很强。从底部大朵的牡丹构图来看，它应该是受雍正时期的过墙瓷盘纹饰（图 **15-2**）的影响，使得边饰看起来十分精美、清新。

该藏品来自纽约私人收藏。

15-2 粉彩过枝籁瓜碗及碗足 清嘉庆，11.0 厘米 选自故宫博物院编的《官样御瓷》

16 童子采花图盘
雍正乾隆青花粉彩，1730 ~
1745 年，22.5 厘米

画面是一个少年花童在繁茂盛开的花丛中采摘鲜花的场景（图 **16-1**）。这种手法是日本伊万里样式的一种延续，童子的画法也有日本绘画的味道。童子的上下左右都布满了鲜花，画面显得丰富，边饰则是两种花卉相间的纹样。童子挑着的花篮寓意着“童子献寿”。

该藏品来自荷兰阿姆斯特丹。

16-1 童子采花图盘局部

17 （上）孔雀花卉八角盘
乾隆粉彩描金，1735 ~ 1750 年，
20.5 厘米（左页）

（下）孔雀花卉盘
乾隆粉彩描金，1760 ~ 1780 年，
22.3 厘米（左页）

这是一个来自法国的设计，在这里一对孔雀代表着一对情侣，牡丹象征着富贵，在传统纹样上孔雀还代表文明，将孔雀和牡丹花结合在一起则是“文明富贵”的象征。八角形制作于雍正时期。当时这一个设计很受欢迎，其他各国也相应效仿。这一对盘子在乾隆中期流行于法国、英国等地。最初这一样式是为法国公主结婚而订。

该藏品来自英国伦敦。

图 17（下）的孔雀花卉盘是来自法国设计的一个变体。这一对盘子应是乾隆中期流行于英国以及英属殖民地等地。从这对瓷器的红色看，应该是在广州画的，它采用的胭脂红的颜料比景德镇的要深而偏紫（图 **17-1**）。

该藏品来自美国加州圣地亚哥。

17-1 孔雀花卉盘局部

18 鹌鹑花卉盘
乾隆粉彩描金，1740 ~ 1760 年，
22.5 厘米

画面展现了一对鹌鹑在牡丹花丛中互相吟唱的场景。一只鹌鹑扑腾着翅膀，微微张开的嘴似乎在呼唤同伴，另一只鹌鹑则歪头与同伴对视。一对鹌鹑表示“双安”，寓意出入平安；而牡丹在中国传统文化中象征着富贵，所以说这个设计有“平安富贵”之意（图**18-1**）。边饰中有石榴的纹饰形，也有如意状的纹饰。整个画面生动活泼。

该藏品来自英国霍华德家族。

18-1 花鸟粉彩盘 清乾隆，27.7 厘米 图片选自胡雁溪、曹俭编著的《它们曾经征服了世界》

19 莲藕牡丹吉祥盘
乾隆粉彩，1740 年左右，22.1
厘米

19-1 功名富贵图 图片
选自《中国吉祥图案》(*Hidden Meanings in Chinese Art*)

画面中心是八瓣花形状的大圆圈，在其周围又分布了四个小圆圈。最中间画着一只公鸡和一朵花，在民间有“花开富贵”之说，四个小圆圈里四种不同的花簇拥着一只公鸡。公鸡在清晨站在高处啼鸣报晓，在中国人的观念中有“高升”的含义。而当公鸡和牡丹花画在一起时则有“功名富贵”的意思（图 **19-1**、**19-2**）。在瓷盘上画公鸡正是表达民众对平静和谐生活的向往。整个画面用色清丽，给人喜气洋洋的感觉。

该藏品来自美国旧金山。

19-2 图片作者提供

20　花鸟和外国图案开光盘
乾隆粉彩描金，1740 年，31.5
厘米

20-1 八百遐龄图轴 华嵒（1682～1756年）图片选自故宫博物院编著《故宫书画馆》

20-2 华嵒绘 图片作者提供

20-3 华嵒绘 图片作者提供

中心精美的花鸟描绘犹如新罗山人的水墨画（图**20-1**、**20-2**、**20-3**）。在牡丹花的枝头两只鸟儿在相对鸣唱，背景山水用淡淡的色彩抽象地表现，给人以很大的想象空间。边饰玻璃白花卉图案画得十分细致。三个如意形开光风景图案是1740年左右较为流行的样式。该边饰来自德国瓷区迈森。

该藏品来自美国旧金山伯得富拍卖行。

21　花卉盘
乾隆粉彩，1740 年，23 厘米

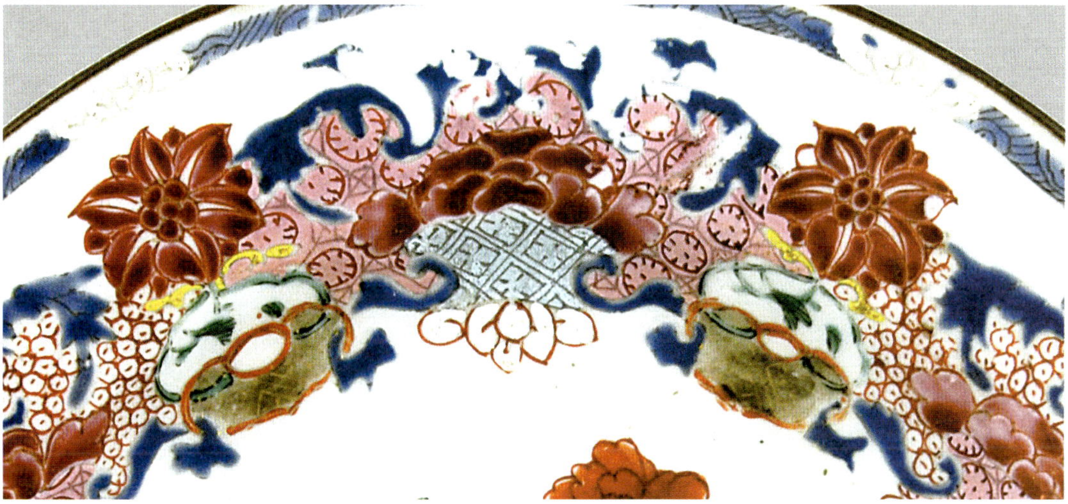

21-1 局部图

21-2 选自 *Chinese Export Porcelain Chine de Commande*

整个画面几乎全部是由富丽的牡丹、娇艳的西番莲构成。画面中心描绘了一个盛满鲜花的花篮，花篮里的鲜花富态鲜艳，似乎是清晨刚刚采的花朵，釉色特别纯正。边饰（图 **21-1**）是一圈花环，这是一个欧洲纹饰（图 **21-2**）的变体。花环内侧有白描莲花，外侧是西番莲，釉下蓝色点缀在花环中，冷暖色的搭配用“淡妆浓抹总相宜”形容一点都不为过。

该藏品来自美国旧金山。

22　花卉盘
乾隆粉彩，1740 ~ 1750 年，22
厘米

中心画了一个六角形的花篮（图 **22-1**），在花篮里一朵很大的牡丹花占据了花篮的一半空间，而另一侧六七朵不同颜色的小花，随着细细蔓延的花枝伸在牡丹花上面。花篮是一种简洁的直线状的造型，中国传统纹饰中的花篮，大部分以蓝采和的法器——盘口花瓶形花篮为主，然而也有其他的各种形状，如灯笼形，各式花瓶形和直线盘口形，等等（图 **22-2**）。边饰是四组对称的花卉。

该藏品来自美国旧金山。

22-1 花卉盘局部（左）

22-2 花篮纹饰 图片来自苏富比2004年拍卖图录（右）

23 花鸟组合花瓶
乾隆粉彩，1740 年，27.3 厘米

23-1　组合花瓶（左）

23-2　美国收藏家霍道夫家庭室内陈设　图片选自佳士得2008年1月拍卖图录（右）

这三个花瓶是以牡丹为主，牡丹花开得生机勃勃。画工十分精致，画面非常漂亮。这原是五件一组的装饰花瓶，少了其中的两件。花瓶的造型生动优美而且花觚和花瓶放在一起构成的空间形状，也如同女人形体一样优美。

康熙初期，欧洲家庭开始讲究室内装饰，并将中国花瓶进行组合作为家庭陈设，放在壁炉、搁架、托架中，五件或者九件一组摆在壁炉上（图**23-1**、**23-2**）。

该藏品来自美国纽约佳士得拍卖行。

24　花卉汤盆餐具
乾隆粉彩，1740 年，汤盆直径
47 厘米

24-1、24-2、24-3 **汤盘局部图**

汤盆是欧洲餐具中的一种，画面非常漂亮，各种花卉盛开，还有蝴蝶在花丛中飞舞，一派春暖花开的景象。汤盆外观共有九层纹饰，不仅托盘画得精细，而且汤盆里面也有精致的彩绘。两边的拉手是两个寿桃，盖上的纽是一个镂空皇冠。这件外销的乾隆粉彩（图 **24-1**、**24-2**、**24-3**）可以和官窑媲美。

一般整套餐具中，汤盆只有一个，而小盆较多。另外有少数的餐具订单上有小汤盆，很小，只能供一人使用。

该藏品来自美国纽约佳士得拍卖行。

25　花鸟塔形茶壶
乾隆粉彩，1740 年，27.9 厘米

25-1 英国银质木把咖啡壶 1705年或1706年制于伦敦，维多利亚与艾伯特博物馆藏 图片选自《瓷之韵》

该茶壶的装饰画面展现的是一只孔雀在花园里，花园里盛开着各种漂亮的花卉。一株牡丹花卉占据了几乎大半个画面。上面栖息着一只小孔雀，下面和前景中有花卉、假山，边上有只凤鸟。

这是一个直线的金字塔形茶壶，是西方的银质茶壶样式（图 **25-1**），流嘴做成一个鸟颈和鸟头。这种在把手和嘴及盖纽上做成动物形状的手法，是外销瓷型中的一个常见手法。

该藏品来自美国纽约佳士得拍卖行。

26　花卉大盘
乾隆粉彩，1745 年，39.7 厘米

26-1 花卉大盘局部图

花卉大盘中心是一个红色的花篮（图 **26-1**），它的下方有三朵延伸出来的百合花，漂亮的牡丹花和三朵蓝、黄、粉的菊花在花篮里，边饰中是各种大小的牡丹，给人花团锦簇的感觉，十分漂亮。中心处开光是八角花瓣形。画工和色彩都具有雍正时期的风格特征。

这是一个由中国传统纹样组成的大盘子，保存得非常好。二白多年来基本上没有使用过，一直是当装饰品陈设，画工十分精细，在当时也是少见的精品。

由于西方文化的传入，中国艺术品受西方的影响很大。绘画方面，从康熙时期的宫廷画家到清末的海派画家，他们都或多或少地受到西方绘画艺术的影响。外销瓷上的绘画更是要按对方的意愿去做，要考虑买家的审美特点，所以从明代到鸦片战争以前，外销瓷经历了一个以中国绘画特征为主逐步转向以西方绘画为主的转化。这个盘子正是中西方花卉画法结合得最完美的体现。

该藏品来自美国纽约佳士得拍卖行。

27　花卉组合花瓶
乾隆釉上彩描金，1745 年，高
19.6 厘米

图中有五件精致漂亮的花瓶，包括两件花觚和三件带盖的花瓶。花瓶上画着的灵芝、桃子和飞鹤，象征着人们对富裕、长寿生活的向往。

中心画面的花瓶中插着灵芝和牡丹，象征着富贵、平安和长寿。画面以墨彩描金为主。三个花瓶和两个花觚的画工都十分精细。花瓶经常被古代的人放在桌案上表示平安，也常被画在图画中作为吉祥的物件，上面插着灵芝表示平安如意，如果花瓶旁边画着柿子和百合，则表示百事如意（图 **27-1**）。

三个带盖的花瓶和两个花觚组合在一起，被欧洲人放在壁炉上作为重要的装饰物。这种装饰方式的流行始于康熙中后期。到乾隆中晚期以后，这种组合方式的装饰就少了。

该藏品来自美国纽约佳士得拍卖行。

27-1 **平安百事如意图** 图片选自《中国吉祥图案》（*Hidden Meanings in Chinese Art*）

28　花鸟大盘
乾隆粉彩，1745 年，38.7 厘米

画面中有两朵漂亮的牡丹花，以及竹子，处在中心位置的一棵老梅树，上面盛开着白色的梅花，画面十分生动。该瓷器的边饰是蝙蝠型开光荷花纹饰，浅紫色、淡红色和灰色的锦地纹饰，给人们以春意盎然的感觉。

蝙蝠型的开光象征着谐音的“福”字。梅花表示喜乐高洁，也有“一枝春信报平安”之意，又因为梅花不怕料峭的春寒，开在百花之先，又被文人视为金榜题名的吉祥物。竹子代表着文人气节和平安，牡丹代表着富贵（图 **28-1**）。这些符号都是中国文化的象征。

大盘子一般在一套餐具中有两件至五件，所以在餐具中，大碗、大盘都是比较少的，而大多数大盘的绘画都十分精美。

该藏品来自美国纽约佳士得拍卖行。

28-1 **富贵平安图** 图片选自《中国吉祥图案》（*Hidden Meanings in Chinese Art*）

29 花鸟奶壶
乾隆粉彩，18 世纪中期，高 36.7 厘米

29-1《百鸟朝凤图》 陆包山（1496 ~ 1576 年） 绘
图片作者提供

花鸟奶壶的图案描绘了鸟儿围绕着娇艳盛开的花朵飞翔，富丽的牡丹、淡雅的百合、清爽的菊花竞相盛开。形象生动，自然脱俗，画工十分严谨。而从颜料和画工来看，应该是18世纪中期的景德镇瓷器。这是一幅十分高雅精美的中国工笔花鸟画，鸟的形态让人想起明代画家陆包山的《百鸟朝凤图》（图 **29-1**），边饰纹样则是德国的边森样式。

该藏品来自美国纽约佳士得拍卖行。

30　荷花瓷碗
乾隆粉彩，18 世纪中期，口径
39.4 厘米

30-1　侧面展开图

荷花瓷碗的画面（图 **30-1**）有很精致的九朵大小不同的荷花和翠绿的荷叶，有的含苞待放，有的已经盛开。在荷花的上方有一只飞鸟，好像注视着这朵漂亮的荷花，荷花夹着水草从下面向上伸展，生气勃勃，与张大千先生精美的国画（图 **30-2**）有异曲同工之妙。瓷碗里面中间是一个精美的牡丹花篮，画面十分漂亮。

大碗在一套餐具中数量极少，现在找到的如查尔斯·皮尔斯的四百五十件瓷器的订单中，大碗只有两只，而 10 寸的盘子则有一百个。

该藏品来自美国纽约佳士得拍卖行。

图 30-2 《出水芙蓉》张大千绘，1978 年　图片选自北京工艺美术出版社出版的《张大千画集》

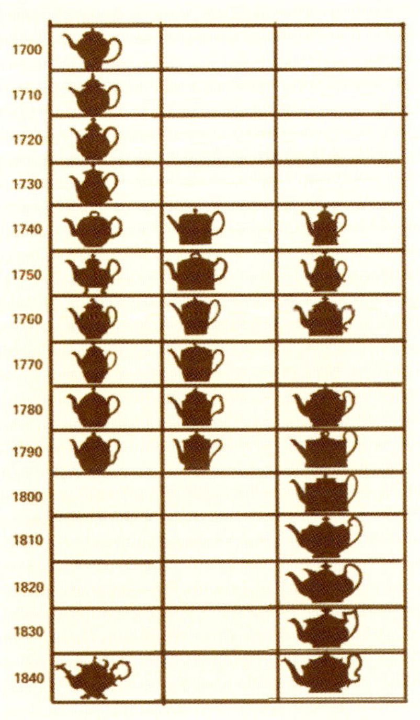

18 ~ 19 世纪壶的造型

乾隆时期开始有了一些新的工艺，但这些工艺在乾隆中期开始流行。受到官窑的影响，民窑和外销瓷器上也有了浮雕贴塑，使得装饰纹样有了立体感。这一批瓷器就是这种工艺的产物。这种工艺制作难度比较大，在成型的茶壶具上首先进行浮雕等雕刻处理，然后上釉烧制，完成彩绘后再烧，最后还得加上金彩再烧一次。

这批茶壶和茶盘上有荷花、牡丹花、百合花、兰花、海棠花等漂亮花卉的粉彩贴塑。

外销瓷的茶壶造型同样也是中西方的茶壶形状相结合，有些茶壶可以明显看出是中国样式，如寿桃壶等。这里的茶壶西方样式的成分比较多。西方早期的银质茶壶有一些特殊的造型，随着材料的改变和文化区域的不同，茶壶造型发生一些变化（图 **31-1**）。

该藏品来自美国纽约佳士得拍卖行。

31 浮雕茶壶、盘、碟
乾隆粉彩，约 1760 年，壶高 15 厘米（左页）

32 百花茶杯
清 19 世纪，口径 8.6 厘米

这个小茶杯的粉彩百花纹样画得很精美，西方使用者又为它做了一个金属托盘，上面还有一个把手，便于手拿。底下还有一个八角形的金属托盘，花纹雕刻得很美。

粉彩百花图案始于雍正中期，但雍正时的百花纹饰十分少见。自乾隆朝开始多了起来。在19世纪的花卉纹样中，百花图案是一个很重要的纹饰（图**32-1**），直到20世纪。百花图案的底部一般留有一根白线，花纹不会画到底，叫做“百花不落地”。

清三代的百花图案，无论多复杂，每朵花瓣都一丝不苟，娇艳粉红是其主要特色。19世纪后期图案中的花卉就有些粗糙混乱。

该藏品来自美国北加州小城歌瑞。

32-1 百花水盂 嘉庆，直径12.6厘米，高4.2厘米 图片作者提供

山水与建筑

18 世纪，英国人对中国的园林特别感兴趣，这种兴趣早期来自外销瓷中的中国山水楼阁的纹饰，他们建造了许多中国式的园林庭院，园林中有亭台楼阁、宝塔石桥和湖面。

中国外销瓷的园林建筑纹样，一般亭台楼阁被放在右下方或左下方，远处有延绵伸展的山脉，水里有小舟，天空有飞鸟，这就是中国人理想的人间仙境，其画面结构犹如杭州西湖。这种样式从雍正晚期开始出现。有些在亭台楼阁的前面加上一棵很大的柳树，由于柳树在画面的中心位置，所以也被称为“柳树样式”（图一）。乾隆中期，随着粉彩彩绘部分转移到广州，这种人间仙境的青花纹样则开始大量地运用在成套餐具上，由景德镇绘制，直到 19 世纪初，销售量十分巨大。因为仓库设在南京，也被称为“南京样式”。1780 年以前的南京样式都画得不错，后期多与代尔夫特边饰及菲茨休边饰结合（图二）。

山水是中国绘画的传统题材，明朝以来，很多文人士大夫都是杰出的画家，从董其昌到吴梅村，他们的审美及画法都会影响到瓷器。外销瓷中的山水画在过渡期和康熙年间比较多。无论是青花还是五彩，画法受邻近景德镇的新安画派的影响，尤其是五彩山水（图三）。雍正时期，山水画得不多，但在山水画中除了出现柳树样式和固定了一种山水庭院的城市图示之外，更重要的是有了粉彩山水和

图一　青花柳树样式盘　乾隆，1736 ~ 1795 年，23 厘米　图片作者提供

图二　南京瓷青花山水八棱　1790 ~ 1820 年，盘长 30.9 厘米　图片作者提供

图三 五彩山水棒槌瓶 康熙，1662 ~ 1722 年，高 43.2 厘米 图片选自纽约佳士得 2009 年 1 月拍卖图录

图四　伯利别墅潘趣碗　雍正，1732 年，口径 29.5 厘米　图片选自 David S. Howard 编著的 *A Tale of Three Cities Canton, Shanghai & Hong Kong*

墨彩山水画等几个品种。

在外销瓷中，也有西方的建筑设计。欧洲人把自己的住宅画在瓷器上，比如说著名的伯利别墅（**图四**），就是英国女王的财务秘书 John Cecil 的住宅。后来又在这个别墅的造型基础之上，发展出了一种西方建筑样式。

1　伊万里风格山水建筑风景潘趣碗
康熙青花五彩大碗，1715 ~ 1720 年，
口径 40.8 厘米

一座漂亮豪华的建筑，像深山之中的庙宇，前方白色围墙外有几棵大树，建筑的后面，绘有犹如在月光下的山脉河流。建筑旁边的一条小河上有一座木桥，河边的山石错落有致，树木成荫。远处山峦起伏，近处林木交错。碗内的中心部分，画着小船，远处是山石树木，对面的山上建着宝塔，天上大雁成行，月光皎洁。中国的山水画强调的是可居可行，不仅有远山近岭，而且画面中一般都有建筑、水面和小桥（图 **1-1**）。

该碗是用青花矾红描金画成。一般是青花在坯胎上画好后，烧制成瓷，再加釉上彩部分的描绘，并描好金彩，再烧制一次而成。前面的青花部分是 1200℃以上高温烧制，后面的釉上彩则是 500℃～600℃烧制。

该藏品来自美国纽约佳士得拍卖行。

1-1　山水图　沈周（1427～1509 年）绘　图片选自何传馨编著的《中国巨匠美术丛书—沈周》

2 山水盘
康熙青花，1700 ~ 1720 年，
22 厘米

这个山水盘的边饰是当时比较流行的松针纹样，在这种边饰上加上金鱼，就成为鱼藻纹饰。中心部分的山水直到乾隆时期也是以线条为主。但是和康熙时期比较，康熙时山水的线条勾勒大气，直线偏多，有大笔渲染的青花烘托，渲染的青花与精细的线条形成线与面的对比，在磅礴大气之中又见精微细致。乾隆时期的青花山水线条则没有大笔渲染的背景层次，整个纹样都用小笔画出，缺少对比。

康熙晚期的青花瓷，和雍正早期的青花瓷有时不太容易区分。这时候仅仅青花淡色用大笔先画，其余绝大部分画面都是用有力的线条精美地勾勒出来（图 **2-1**）。

康熙时的青花是中国历史上青花瓷中品质最好的，不仅清脆透彻，而且画工极为精美。

该藏品来自英国伦敦伯得富拍卖行。

2-1 山水盘 康熙青花，1700 ~ 1720 年，22 厘米 图片作者提供

3　广州口岸风景图
雍正山水大盘，1735 年，40.64
厘米

这个盘子前景画是在广州黄埔区江边上的一座花园，是雍正时期广州的一座私家花园。远处的两艘船是东印度公司的货船，再后面画的是广州的琵琶岛和一座塔。琵琶岛是东印度公司船舶离开时都要停靠的地方。对于东印度公司和它的船员们来说，这个岛有着特别的意义。琵琶岛是广州黄埔区的一个小岛，现在岛上的宝塔依然屹立（**图 3-1**）。这个瓷器的纹样并不是大量生产的，而是东印度公司的官员作为纪念特地设计的。所以这个口岸风景是当时贸易的真实写照。

该藏品来自英国鲍威尔私人博物馆（The Powell-Cotton Museum）。

3-1 位于广州出海口琵琶岛上的赤岗塔

4　人间美景盘
乾隆粉彩，1740 ~ 1760 年，
22 厘米

4-1　上图是乾隆 1740 年的青花山水盘，中间是马玉如老师绘于 1983 年的杭州西湖图，下图为人间美景盘局部

人间仙境般的中国式美景，震撼了整个欧洲，许多英国的私人园林就是仿此景做成。白色围墙外碧波荡漾，树木成荫，围墙内亭台楼阁错落有致，群山自近而远，跌宕起伏。远山上有宝塔，近景中有小桥石径。湖面泛着小舟，天空中大雁飞翔。边饰是三条美丽的折枝花卉纹样。三条纹饰的花纹一般早于四条对称边饰的纹样。

完全以亭台楼阁园林建筑为内容的纹饰在康熙青花中就有，但用于外销瓷中的建筑风景多出现在雍正时期。大多数风景建筑的外销纹饰中在中近景或右边或左边都有一组建筑物，另一边是小桥流水或山石树木，这种景色在青花瓷器中比较多，而粉彩中的这种纹饰一直延续到 19 世纪，这是一个典型的中国建筑山水纹样，这个样式有可能取自杭州西湖的景色（图 **4-1** 上面是乾隆 1740 年的青花山水盘，中间是马玉如老师绘于 1983 年的杭州西湖图）。

该藏品来自美国纽约苏富比（Sotheby’s）拍卖行。

5 园林瓷
嘉庆粉彩，1796 ~ 1820 年，22
厘米

这是一个典型的粉彩山水瓷，画面中是山水园林的景象，和上一件瓷盘的中心图案相同，来自雍正乾隆时期出现的中国风景图案纹饰，该图案早期的边饰只有花卉纹饰，乾隆晚期改成了八仙过海的纹样，八仙的纹饰一般流行于 1780 ～ 1800 年（图 **5-1**），19 世纪以后在八仙边饰的正中上方，又出现了王母娘娘的图案。民间传说铁拐李持葫芦炼丹药救众生；吕洞宾持宝剑镇邪驱魔；汉钟离持扇起死回生；韩湘子持笛令万物生灵；曹国舅持阴阳板，可令万籁无声；蓝采和持花篮，其中的花果能广通神明；何仙姑持净洁不污的荷花，可修身养性。

该瓷器来自德威特·克林顿（Dewitt Clinton，1769 ～ 1824 年）。大卫·霍华德（D. S. Howard）称克林顿为“纽约政治历史中的一位巨人”。

该藏品来自美国纽约佳士得拍卖行。

5-1　八仙的纹饰流行于 1780 ～ 1800 年

6　江西湖口景瓷版画
1912～1918年，30厘米×40厘米

6-1 浅绛彩瓷版画

这是一幅非常有意思的瓷版画，也是一幅见证历史的图画。画的是从景德镇运瓷器，经鄱阳湖出湖口到长江的景色。右边的山是湖口石钟山，左边的建筑应该是一个检查的关口，也就是赣关，江西清代的海关有两座，一座在赣州，另一座在九江或者湖口，19世纪以来，位于九江的赣关就迁移到湖口，这张瓷版画就是见证。在高高的庐山下，也有这样一座建筑。这座建筑上挂着一面清朝龙旗和一面北洋军阀的旗帜。前面的蒸汽机轮船正在向长江驶去。在长江中停着一艘大船，应该是要运瓷器的外国船只。山水画得十分细致，像一幅精美的青绿山水画。

在许多描绘庐山的瓷器画面上大多数有石钟山，至今为止尚没见到画有湖口赣关的瓷版画和中国画。如图 **6-1**、**6-2** 是北洋军阀三十三混成旅旅长纪锡海在1918年订制的浅绛彩瓷版画。从20世纪初开始，以珠山八友为代表的景德镇艺术家开始追仿国画的效果。同时，在自己画的瓷器上署名。这两件瓷器都没有艺术家的署名，应该是辛亥革命刚刚结束时的瓷版画。瓷版画以平面和完全仿制国画的效果为陶瓷艺术家们所青睐。所以，瓷版画是20世纪中最重要、最特殊的瓷画样式。

该藏品来自美国加州圣荷西私人收藏。

6-2 浅绛彩瓷版画（局部）

雕塑

清朝的外销瓷中，有不少的花鸟动物雕塑，如鹦鹉、鸭子、狮子、狗等造型，有很大一部分瓷雕是在福建德化瓷厂制作的。另外，还有一部分是宗教类型的雕塑，比如圣母玛丽亚和耶稣的雕塑，更多的是和实用的器型结合在一起的，或把动物作为实用器型，如用牛头做成汤盆（图一），把鱼的造型做成实用的容器（图二、图三、

图一　牛头汤盆　图片来自大都会博物馆藏品

图二 鱼形瓷器 图片作者提供

图三 鱼形瓷器 来自佳士得 2006 年拍卖图录

图四 鱼形瓷器 来自佳士得 2006 年拍卖图录

图四)，等等。花瓶和茶壶等实用器型上的盖纽、把手和嘴部等会做成动物的造型，也有一些是动物的形状和实用的器皿结合在一起的设计，如把狮子和茶壶结合在一起的素三彩瓷雕。

有一部分中国题材的雕塑外销到西方市场，被精明的商人改造得和中国传统造型完全不一样，如八仙的八个人（图五）被做得色泽华丽，像盛装的模特，而不像中国传统绘画里的八仙人物（图六）。中国人收藏瓷雕的不多，但西方人特别喜欢瓷器雕塑的收藏。因为每一种瓷雕制作的数量都有限，尤其不是注浆成型的雕塑，数量就更加稀少了。

图五　八仙雕塑　图片选自佳士得2006年拍卖图录

图六　铁拐李　黄慎（1687 ~ 1768 年）绘

1 明德化青花十二生肖雕塑猪和蛇，高 19.3 厘米

这是人形站立的生肖雕塑纹样，从胎质来看产于福建德化。青花色绘生动而简洁，猪蛇身体后都写有“亥”和“巳”字，青花发色深沉清透，并有刻入胎骨的铁锈斑。

生肖发端于战国，东汉时已有明确记载。古人以十二地支配十二种动物构成：子鼠、丑牛、寅虎、卯兔、辰龙、巳蛇、午马、未羊、申猴、酉鸡、戌狗、亥猪。人们也用十二生肖来纪年，假如今年是马年，下一年就是羊年，如此十二年为一轮。有些地方时兴给小孩庆祝十二岁生日便称“初轮之庆”。这种生肖的雕塑在汉唐时就出现过人物的身体、动物的头像（图 **1-1**）。

该藏品来自美国加州私人收藏。

1-1 十二生肖雕塑 唐代，57.1 厘米 选自苏富比拍卖行 2003 年 3 月 27 日拍卖图录

2 象型军持
明末清初转换期青花，1600～1681年，高22厘米

军持早期叫捃雅迦。捃雅迦原是印度僧人的用具，僧人出行游方时可以用捃雅迦从湖里取水洗脸洗手，或装净水以饮用。典型的军持造型就是玉壶春的花瓶加上流的嘴子。象型军持可以从突出的花瓶口取水，从象牙处流出。这件象型军持十分特别，大象器型饱满大度，也表示“太平有象”的意思。象型军持到明代末期才出现，也就是从明万历（图 **2-1**）到过渡期这一段时间才有这个品种，清代的其他时期都没有生产过象型军持，所以这一品种显得十分稀有而珍贵。

该藏品来自美国旧金山伯得富拍卖行。

2-1 **象型军持** **明万历**，1575～1600 年，18.4 厘米 图片来自 *Made in China*

3　人物雕塑“铁拐李”清粉彩，19 世纪，高 29 厘米

这是素三彩的人物雕塑。铁拐李面带微笑，穿着黑地梅花大袍，黑地白梅绿叶的组合是康熙时期常用的一种手法，他左手拿着他的法器葫芦，右手撑着拐杖，右脚跷起踩在拐杖上。

素三彩创建于明正德年间，一共有两个主要特征：第一，色彩中不用红色，这与五彩中用以红绿色为主的情况相反，所以也叫素色；第二，在宣德时期填酱釉和弘治时期刻填绿釉的基础上发展的一个品种（图**3-1**）。清代主要流行于康熙年间，到了雍正、乾隆时期基本上没有出现，19世纪仿康熙瓷器时大量的素三彩雕塑和彩绘出现在瓷器上，有的几乎可以以假乱真。这件“铁拐李”素三彩雕塑就是那个时候的产物。

该藏品来自美国斯坦福大学私人收藏。

3-1 窑场雕塑 素三彩，19世纪，高15.6厘米 图片选自佳士得2009年1月拍卖图录

4 德化瓷狮子
康熙瓷雕，1700 ~ 1722 年，高 25.4 厘米

4-1 故宫狮子 图片作者拍摄

4-2 石雕“太师少师”传世 福建泉州 图片选自《民间石刻》

一只狮子坐落在一个长方形底座上，狮子的左爪子下压着一个绣球。身体上的泥条形的装饰和小圆点的装饰手法十分生动，但不是景德镇传统的手法。外销瓷中彩瓷雕塑比较多的来自景德镇，而白瓷雕塑则几乎都是福建德化的产品。狮子的造型在中国南方与北方是不同的，北方的以北京故宫里的狮子（图 **4-1**）造型为代表，雄浑大气，南方的以广东和福建地区的狮子（图 **4-2**）造型为代表，显得活泼可爱，明清瓷器中的狮子造型绝大部分是南狮形象。

这件瓷雕底座中的镂空铜饰是后来在英国加上去的，最早收藏于 19 世纪英国的著名收藏家，这件瓷器被收录在大卫·霍华德（David S. Howard）的第一本书 *China for the West* 里，然后又从英国转到美国，成为美国著名收藏家霍道夫和 Mildred R. and Rafi Y. Mottahedeh 的藏品。现在又跨过太平洋回到中国，由南昌大学博物馆收藏。一件瓷器在几百年前由中国海运到西方，曾被许多的家庭和收藏家收藏，现在又回到了中国。

该藏品来自美国纽约佳士得拍卖行。

5 素三彩狮子一对
19 世纪，高 44.3 厘米

这是一对精美的仿康熙素三彩狮子雕塑，一公一母。公狮前爪压着一个空心球，上面有铜钱图案。象征着公狮为一家之主，必须负责一家的生计。而母狮子前爪扶着一个幼狮，是要担负起哺育下一代的责任。底座的图案完全仿康熙素三彩，其中的牡丹和菊花、梅花等画工精美。狮子雕刻和彩绘都十分精美，但是胎质与康熙时期不同。其装饰与雕刻直追康熙素三彩雕塑。

在外销瓷中有许多素三彩的瓷雕，但是康熙时期的素三彩雕塑并不多见，那时候刚刚海禁结束，恢复贸易，各个不同的陶瓷品种外销量不是很大，到了19世纪，仿康熙的产品样式开始流行起来，素三彩也就成为当时的一种流行产品而外销到欧美各地（图**5-1**）。

该藏品来自美国北加州萨拉托加市私人收藏。

5-1 狮子雕塑 素三彩，康熙，高18厘米 来自伯得富拍卖行2011年拍卖图录

如何理解中国纹章瓷中的纹章

［英］Angela Howard　　谢菲　译

通过这个讲座我想解释一下纹章的含义，并且阐述这种定义的形式。我们将分析中国纹章瓷上从简单到复杂的不同的纹章，并通过它识别特定的人和他们的社会阶层，以及他们的婚姻、后代和祖先的情况。

纹章瓷不仅仅是一些美丽的物件，由于它们是由特定的人订制的，使我们能够通过它们了解那个时代的生活和历史。同时由于纹

1　发生在克雷西（Crecy）的英法战役

2 釉下蓝彩龙饰梅瓶

章的一些信息是有文献可追溯的，我们也可以通过纹章判定中国的纹章瓷的制作年代。

纹章学最早源于12世纪的英国。在那个年代，贵族允许佩戴并世袭徽章以及各种特殊的用于识别的标志。这种识别标志在战争年代显得格外重要，常常作为战场上分辨敌我双方的标识。

图1反映的是14世纪发生在克雷西的一场英法战役。我们可以看到法国的徽章在左侧的法国旗帜下面，英国的徽章在右侧的英国旗下面，他们分别有自己的颜色以便识别。

当1346年克雷西战争爆发的时候，在中国正好是元代。在景德镇的窑里，梅瓶花瓶正在烧制（**图2**），用釉下彩蓝龙作为装饰。

在英国，即使是和平时期，贵族也喜欢一些有军事背景的锦标赛（**图3**）。这些比赛被视为最贵族化的体育运动。通过头盔上的纹章和花冠可以对参赛者进行识别，同时它们也体现了个人的骄傲和

3 锦标赛

荣誉。最早在锦标赛中的传令官被称作“heraldry”（在这幅图中上方吹号角的），随后纹章也被称为“heraldry”，这是“纹章学”一名的来源。

大约在五百年前，伦敦成立了专门制定纹章的机构，并取代了最早锦标赛中传令官管理纹章的职能。该机构制定了关于纹章的制度，并且以国王或女王的名字来命名所有的纹章。由于每一个纹章只能使用于一个特定的个人，因此每一条记录都以文献的方式来记载（图 **4**）。

4 约翰·梅利（John Merry）家族纹章瓷

纹章学中最重要的规则就是一个纹章只能属于一个特定的个人，而不是整个家族，只有他们的某些直系后代才能继承同样的纹章。比如一个叫做约翰·梅利的人，他的后代就在二百年之后在一个中国的外销瓷盘上沿用了他的徽章（图 **5**）。

纹章学在英文中有好几个单词可以表述，如 heraldry，coat of arms，以及 armorial。就像刚才提到的，一个纹章不能由整个家族

5 约翰·梅利的后代订制的纹章瓷

使用，而是由特定的个人及某些直系后代使用。我们可以将纹章学的含义大致分为两类，一类是科学定义上的纹章学，另一类是艺术定义上的纹章学。

科学定义的纹章有着非常严格的规则，例如颜色，如果规定的是红色，那么在纹章上就必须显示出红色。又如纹章上被称为是“charges”的一些图形和符号，有些是几何形状，有些是护兽的图案，也必须符合该纹章的规定。

但是艺术定义的纹章则没有如此严格的规则，可以通过各种各样的形式将纹章展示出来。随着不同时期时尚的变化，流行的不同纹样也会在艺术定义的纹章中展示出来。

我们先深入地探讨一下严格意义上的纹章，它可以非常清晰地表现出一个人的社会地位，无论其是一位绅士还是一位贵妇，包括他们的婚姻、直系后代以及是否授勋的情况。

刚才我们提及过纹章学中的颜色，在英文中用“Tinctures”这个专有名词表示（**图 6**）在纹章学中有五种基本的颜色，分别为红、蓝、绿、黑、紫。其中红色、蓝色和黑色使用得比较频繁。除了五种基本色之外，有两种金属色——银色和白色也被使用。另外还有三种水貂毛的颜色也属于纹章学中颜色的范畴。

我们再次回顾刚才提到过的贵族骑士锦标赛的图 3。作为纹章中最重要的一部分是下方的盾牌，贵族骑士们在战争中用其自卫。盾牌对于一个授勋的人来说也是格外重要的，其可以被直系后代所

6 纹章中使用的颜色

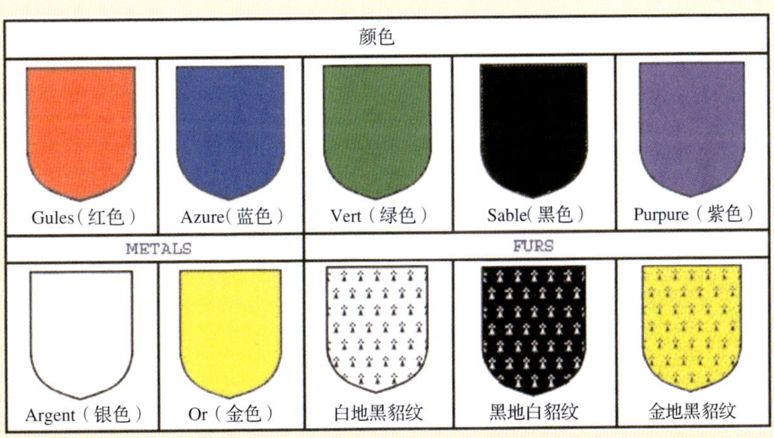

7 绅士的纹章（左）

8 绅士的纹章瓷盘（右）

继承。后来的纹章研究者也往往从其入手，对纹章进行研究。

我们将它与绅士的纹章做个比较（图 **7**）。

盾牌的上方往往是头盔，头盔的上方则是头冠，头冠一般是有代表性的鸟类或兽类，也可以是其他形式。在头冠与头盔之间有一花环圈状物，用于支持头冠。

在骑士的头盔之上有织状物，在纹章学多年的演变中，该部分已变为装饰物。我们在图 7 中看到的织状物是卷轴式树叶，但也可以以其他不同形式存在，稍后会看到。

最后是在纹章底部的格言或座右铭。这些源于战争中的号叫语，随后成为一种家族传统。这个不属于纹章中必需的一部分，事实上可以根据“言论自由”的规则进行改变。

现在，在油画或者瓷器上看到的纹章是标志性的。

纹章（图 **8**）最重要的部分是盾牌和头冠。这些标志一旦授予了你，就不能改变。绅士和贵族的纹章是不相同的。绅士的头盔是闭合的，并且朝向左边。但是一个贵族的瓷器是怎样的呢？我们稍后会看到属于贵族的不同级别的纹章，但是它们有着共同的一些特征，以区别于绅士（图 **9**）。

9 贵族的纹章

首先的区别在于不同形式的头盔。绅士的头盔是闭合并且朝向左边的，而贵族的头盔是打开的并且朝向前方。同时贵族的盾牌一般有护兽在两旁。护兽的形式一般以兽类、鸟类或一些人物图案出现。此外，贵族的纹章上还有皇冠。我们能够在这个杯子上看到这些额外的特征（图 **10**）。

纹章学的另一重要特点是其间双关语的运用，即语言的"可视化"。在那个个人荣耀显得非常重要的年代里，这也是个不错的能够

10 贵族的纹章瓷杯（左）

11 博斯家族的纹章瓷杯（右）

提及纹章拥有者姓氏的方式。所以纹章的某种主要用途也可成为反射姓氏的发音。有时这些双关语的表现很明显，有时很模糊。接下来会向大家展示两个比较典型的例子。

这个马克杯的拥有者姓氏为博斯（Bowes）（图 **11**），英文中是弓的意思。在这个纹章中可以看到，在花环圈状物上的狮子持着弓箭。

这个纹章瓷盘则表现得隐晦，其拥有者的姓氏为比索（Bisse）（图 **12**）。这是一个为结婚而订制的瓷盘，其座右铭是拉丁语，意思是“双倍的幸福”，而拉丁语最后一个单词“Bisse”又与该家族的姓氏一致。另外，纹章的头冠是两条相互缠绕的蛇，发出“Bisse”的声音。

12　比索家族的纹章瓷盘

13　斯图尔特（Stewart）家族的纹章瓷杯（左）

14　波各克（Pollock）家族的纹章瓷杯（右）

15 准男爵徽章

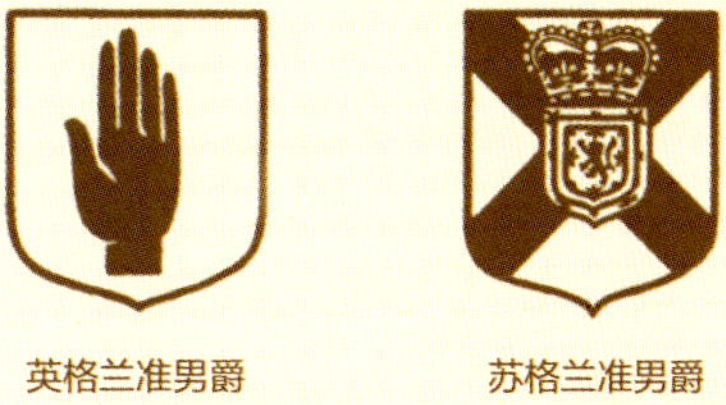

在纹章学中所提到的座右铭往往是一个家族的传统，如果后代不喜欢可以更改，而且座右铭并不是一定要在纹章中存在的。座右铭可以用拉丁语来表示（就像图 **13** 的杯子），也可以用英语或法语来表示（见图 **14** 的杯子）。这两个杯子上分别是英格兰和苏格兰的纹章，其中较为典型的区别在于英格兰纹章的座右铭往往在最下方（图 **14**），而苏格兰纹章的座右铭往往在最上方（图 **13**）。当然，并非所有的纹章都如此，但大部分可以此区分。

世袭头衔被长子继承，纹章的拥有者一般都在自己的姓氏前加有世袭头衔。世袭头衔中最低的爵位是男爵，一般有两种表达方式，都是用符号来表示（图 **15**）。左边的英格兰准男爵（图 **16**）的纹章中，在主盾牌上带有一个小盾牌，上有一个红色手掌的标志；右侧的苏格兰准男爵（图 **17**）的纹章中，在主盾牌上也带有一个小盾牌，上面是一个带有苏格兰皇室徽章的蓝色十字架。这种标志都是很明显

16 英格兰准男爵的纹章（左）

17 苏格兰准男爵的纹章（右）

18 不同爵位所用的皇冠

的。但是由于准男爵是世袭头衔中最低的爵位，因此纹章中一般不带有护兽。

下面看一下世袭头衔中五个不同的阶层，分别为公爵、侯爵、伯爵、子爵和男爵，用不同的皇冠来区分（**图 18**）。

其中级别最高的是公爵，左边的第一个马克杯是个例子（**图 19**）。可以看到属于公爵的皇冠以及两旁的护兽。第二级别为侯爵，其次是伯爵（**图 20**），中间的马克杯上是伯爵的皇冠。排在第四位的是子爵，最后是男爵（**图 21**），右边的马克杯上则是男爵的皇冠。

所有的贵族纹章中都是可以使用护兽的，一般为兽类、鸟类或人物的图样，都以扶着盾牌的形式存在。除了以上五种贵族头衔之外，还有三种情况允许使用护兽。

第一种情况是氏族首领，现在看到的纹章瓷属于一个苏格兰氏

19　公爵纹章上的皇冠（左）

20　伯爵纹章上的皇冠（右）

21　男爵纹章上的皇冠（左）

22　麦克法兰（MacFarlane）氏族首领的纹章马克杯（右）

23 伦敦一家禽类公司的纹章瓷杯（左）

24 为骑士订制的纹章瓷杯（右）

25 坦克维尔（Tankerville）伯爵订制的纹章瓷盘

26 前八个儿子的专属符号

族首领。图 **22** 的氏族是苏格兰的大家族，一个氏族只有一个首领。这个瓷器是为麦克法兰（MacFarlane）氏族的首领订制的。

第二种情况是伦敦的贸易公司。这些古代的行业协会可追溯至中世纪，它们是现代贸易联盟的祖先，这些贸易联盟至今仍然很重要。下面的纹章瓷（图 **23**）属于一个提供禽类产品的公司，因而纹章上出现了禽类，有一语双关之意。

第三种非贵族而可以使用护兽的例子是女皇的骑士制度与准则。这是一种特殊的荣耀。我们看到的马克杯（图 **24**）的主人得到 Bath 授勋，这是仅次于最高荣耀“海军英雄”的授勋。

我们更加仔细地看这些授勋的纹章。可以看到盾牌的周围有座右铭作为圈状字体环绕，而每个纹章的座右铭都是不同的，易于识别。只有授勋的家族才能够将座右铭作为盾牌周围的圈状字体。我们再回过头来看这个带有授勋的纹章瓷盘，它是为坦克维尔伯爵定做的，带有 Thistle 授勋的座右铭（图 **25**）。这是苏格兰的高等荣耀。你同样能看到属于伯爵的皇冠在上面。最高荣耀是 Garter 授勋，我们会随后看到。

现在我们来看一下属于子女的纹章。前八个儿子都有属于自己的符号易于识别（图 **26**）。这些符号都很小，并且在盾牌的中间或上方显示。这里有一些例子，第一个马克杯是为长子而订制，上面带有属于长子的标签状的符号（图 **27**）。第二个马克杯属于次子，上面有弯月形的符号（图 **28**）。第三只马克杯属于第三个儿子，上

27 长子的纹章杯（左）

28 次子的纹章杯（右）

29 三子的纹章杯（左）

30 女儿罗杰斯（Rogers）的纹章瓷杯（右）

31 费什先生和皮高特士女士的婚姻纹章瓷杯（左）

32 哈雷特的纹章瓷杯（右）

面有“小星星”的符号（图 **29**）。

女儿则拥有完全不同的符号，由于她们不上战场，因此她们不能够使用盾牌、头盔和头冠。她们的纹章放在一种叫做“lozenge”的菱形钻石图案里，大部分都带有缎带装饰。为罗杰斯小姐订制的杯子带有花环（图 **30**）。

我们现在看关于婚姻在纹章瓷中的表达方式，这种方式非常有意思。如果你能够查阅到两人的结婚日期，你就同样能够准确地为纹章瓷断代。

婚姻在纹章瓷中的表达方式大致有三种形式，主要取决于女方及其家族的社会地位。首先是刺穿型，这是最常见的模式。婚姻纹章中的盾牌分为两部分，左半边使用的是男方的纹章，同时上方的头冠也是男方的。盾牌的右半边是女方家族的纹章，一般是其父亲的纹章，并且该纹章仅被这一代所使用，女方的后代不能继承。

马克杯（图 **31**）的主人是费什（Thomas Fisher）先生和皮高特（Margaret Pigot）女士，于 1755 年 4 月在伦敦结婚，后者是马德拉市长的姐妹。

我们再来看两个茶杯。第一个茶杯是 1760 年左右为一个叫做哈雷特（Hallet）的先生订制的（图 **32**），那时他的纹章是他个人的完整纹章。五年后，他与一位女士结婚，订制了同样形状的咖啡杯（图

33　哈雷特和皮耐尔（Pinell）婚姻的纹章瓷杯（左）

34　佩奇（Peach）家族的纹章瓷杯（右）

35　佩奇家族的纹章瓷盘

33），但是这个咖啡杯上纹章的右半边则出现了他妻子的纹章。

婚姻在纹章学中的第二种表示方式用法语“accollee”表示，意思是“边缘紧靠”。这种表达方式在英国的纹章瓷中并不是很常见。这种方式中男女双方的纹章并不是以盾牌一分为二的形式出现，而是分别出现在椭圆形的圆圈中，边缘相互紧靠在一起。现在图中所呈现的杯子（图 **34**）及配套的上面有孩子放风筝的瓷盘（图 **35**）就能很好地展现这种纹章。这个瓷盘是为东印度公司的一个主管订制的。

婚姻在纹章学中最后一种重要的表达方式，也就是纹章继承最重要的一种表现方式，在英语中叫做“in pretence”。婚姻中，女方的家庭中没有兄弟可以继承父亲的地位，因此女方能够继承父亲的纹章、土地以及其余的财产，并将这些传给她的后代。“in pretence”的表达方式是女性父亲的纹章在她丈夫的纹章盾牌的部分中间出现。这种表达方式极其重要，因为他们的后代将同时继承夫妇俩的纹章。英国一个有名的政治家韦斯特（West）先生订制的马克杯（图 **36**），他与史蒂文斯（Steavens）女士于 1738 年结婚，他夫人唯一的兄弟于 1759 年去世，只有在 1759 年后，史蒂文斯女士才能够用这种方式使用其父亲的徽章，因此能够推断这个马克杯是在 1759 年后不久订制的。

下面的情况可能稍稍有点复杂。“in pretence”形式婚姻中的后代将同时继承夫妇俩的纹章，表达方式为同一盾牌上的不同部分。

这些部分，或者称为小盾牌，在英语中被称作“quarters”，但不是四分之一的意思。因为在同一盾牌上，往往有超过四个部分数的符号，所以在这里“quarters”仅仅是“次级部分”的意思。丈夫的纹章，即一般放在左边部分的，被放在了左上角和右下角。

下面马克杯盾牌上有四个小部分（图 **37**）。丈夫的纹章被放在了左上角，并且在右下角以收尾的方式再次重复。而头冠同样属于丈夫。这个马克杯是为一个叫做科姆利（Nathaniel Cholmley）的人订制的。他父亲的纹章在左上角和右下角，他母亲 Wentworth 的纹章则在左下角和右上角。

为杰维斯（Jervis）订制的马克杯（图 **38**）上，纹章盾牌被分

36 韦斯特与史蒂文斯婚姻的纹章瓷杯（左）

37 科姆利家族的纹章瓷杯（中）

38 杰维斯家族的纹章瓷杯（右）

39 罗德曼和克林顿婚姻的纹章瓷盘（左）

40 格拉夫顿公爵的纹章瓷盘（右）

为了六个部分。第一部分和第六部分都是属于他的父亲的，但是其余部分是不同的纹章，也就是说，他有着不同的女性祖先（可能母亲、祖母等），她们家庭中都没有兄弟。

接下来我们看到的纹章中既有“quarters”（女性祖先为没有兄弟的）的形式又有一分为二（第一种婚姻表达方式）的形式。这个纹章（图 **39**）的中间有一条平分线，很明显，这是为一桩婚姻而订制。纹章的左半部分“quarters”形式显示这位男士有着没有兄弟的女性祖先。而纹章的右半部分是婚姻中女方的简单纹章。这个纹章看起来很复杂，反映出了更多的信息。事实上，我们可以明确地判断这个纹章瓷盘是 1749 年订制的，因为在那一年，罗德曼（Roddam）船长和纽约的克林顿（Clinton）女士成婚，不幸的是，该女士次年死于难产。

最后我们来看相对而言最复杂的一种情况。这个外销瓷盘（图 **40**）是 1769 年为格拉夫顿（Grafton）公爵订制的，也就是贵族中

41 格拉夫顿公爵纹章的特写

最高级别的爵位。纹章中有属于公爵的护兽和皇冠（图 **41**）。婚姻在纹章中的表达方式是法语“accollee”的形式，也就是边缘紧靠的意思。由于这个公爵的纹章是 1348 年由皇帝或女皇授勋获得，而当时仅有二十四人获此荣耀，因此即使在婚姻中他的夫人也不能够分享他的纹章，夫妇二人的纹章必须以边缘紧靠的形式出现。同时，格拉夫顿公爵本人带有“quarters”的纹章中显出他有皇家祖先。

这个瓷盘制作的那年，他成为了英国的总理，并与他的第二任夫人在 1769 年结婚，这个瓷盘作为晚餐餐具而定做。

我们认为纹章在外销瓷中很重要，是因为我们可以通过其来为瓷器断代。当我们能够根据纹章对其中一件瓷器进行断代时，我们又可以通过对瓷器的款式来对相同款式的瓷器进行断代。这里有一个瓷盘是为伦敦德里（Londonderry）男爵而定做（图 **42**），他于 1717 年结婚，并于 1719 年获得男爵的头衔，通过属于男爵的头冠可以表示出来。男爵的头冠是用红色以及黑色的釉混合而成，以达到类似粉色的效果。而 1721 年时，出现了粉彩。如果粉彩的工艺在制作时已经出现，瓷盘上则不需要用红色和黑色的釉混合制作粉红色效果。由此可以推断，这个瓷盘是 1719 年后 1721 年以前制作的。

同时我们可以推断另外一个极其相似的瓷盘的制作时间，也是为当时一位重要的政治家威廉姆·普尔特尼（William Pulteney）订制的（图 **43**）。通过这种类似纹饰类推的方式，即使是一些没有纹章的瓷盘，我们也可以推断出时间，大约为 1719 年。

接下来我们看一个属于约翰·查普曼（John Chapman）绅士的纹章瓷盘（图 **44**），我们可以推断，这是在 1735 年以前制作的。为什么这么说呢？

我们再来看为同一个人定做的纹章瓷（图 **45**）。这一次，他的纹章有所变化，因为他世袭了准男爵的头衔，同时我们能够知道这个瓷盘是 1738 年制作的。这又是如何推断的呢？

我们现在更加精准地看第二只瓷盘（图 **46**）。

42　伦敦德里男爵的纹章瓷盘（左上）

43　威廉姆·普尔特尼的纹章瓷盘（右上）

44　约翰·查普曼绅士的纹章瓷盘（左下）

45　约翰·查普曼婚后的纹章瓷盘（右下）

46 查普曼纹章特写

首先，约翰·查普曼于1736年结婚，在右边瓷盘中的盾牌中可以看见属于他太太的“quarters”形式的纹章，而在左边的瓷盘（未婚）中没有显示出来。

其次，我们在相关的文献里查到有关他父亲的资料，他曾经是一位男爵，死于1737年。于是约翰·查普曼世袭了他父亲的爵位。在第二个纹章中他拥有了男爵的头盔以及象征符号。而在他世袭的纹章中也存在着“quarters”形式，表示了他女性祖先的地位——当然，他并不必须在他的纹章中完全地展示出来，也许只是因为他认为现在有了爵位，因此用这些更增加印象。

因此，我们可以推断第一只瓷盘是他结婚前制作的，第二只瓷盘是1738年以后制作的。通常，我们通过以上家族信息以及那个年代流行的边饰共同推断。

纹章学中本来只有五种基本色，其中红色、蓝色、黑色为使用较多的颜色。另外两种颜色，绿色和紫色，使用频率较低。除此之外，还有种金属色——银色和金色，可以分别用白色和黄色来代替。

我们再回过头来看这些绘制的纹章，如果纹章是被刻在银牌上或者如图所示，由黑白色绘制，那么就不能仅仅凭借第一眼的感官来判断颜色了。对于纹章的颜色，有一种专门的系统用于判断（**图47**），即以不同的纹理表示对应的颜色。如果没有纹理，是空白的，即表示是白色或者银色；如果纹理是许多小点状，表示的是金色或者黄色。垂直的条纹代表红色，水平的条纹代表蓝色。对角斜线的条纹代表绿色或紫色，十字状交织在一起的纹理代表黑色。

当送到中国的纹章纹饰本身质量很高、颜色准确的时候，中国工匠手工完成烧制的纹章瓷也是非常精巧的，尤其是只烧制黑白颜色图样的瓷器时。下面这只瓷盘（图 **48**）的每一个细节都按照颜色标准复制了原样设计（图 **49**）。

我们刚才详细地介绍了科学意义上的纹章学及其历史，并且介绍了如何通过纹章来给瓷器断代，下面我简短地介绍纹章的艺术。尽管纹章的运用要遵循严格的规则，但是这并不影响设计纹章瓷时匠人的想象与灵感。

这里有两个烧制得非常精致的纹章瓷，左边的瓷盘有着一种特别有创意的边饰（图 **50**）。瓷盘的边饰上显示的是广东省一个城市

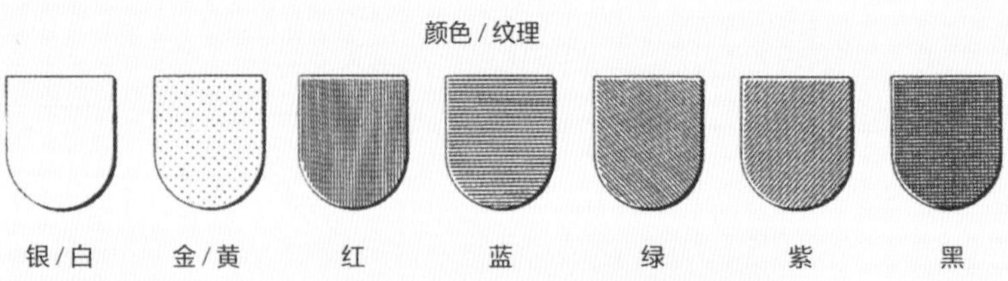

47 不同纹理对应不同的颜色（左上）

48 蒙塔古（Montague）家族的纹章瓷盘（左下）

49 蒙塔古家族纹章的设计原稿（右下）

50 格雷斯利（Gresley）家族的纹章瓷盘（左上）

51 伊佐德（Izod）家族的纹章瓷盘（右上）

52 瑞兰德家族的纹章瓷盘（左下）

53 克拉克家族的纹章瓷盘（右下）

的风景，是很罕见的设计。

右边的瓷盘则有着非常标准的边饰（图 **51**），但是这是中国纹章瓷中最精致的一件订单之一。这个纹章是被称为“lozenge”的一种菱形钻石状图形，也是为一位女士而订制的。这两个瓷盘的亮点都在于纹章的绘制非常特别，而且环绕在盾牌周围的装饰物纯属原创，不呆板。

为瑞兰德（Ryland）先生定做的纹章瓷也非常具有吸引力（图

52），盾牌以一种不常见的完全装饰性的形式显示，用树叶和花朵环绕衬托。而为克拉克（Clark）先生设计的瓷盘（图 **53**）上，盾牌被悬挂在树上，头盔绘制在盾牌的下方，并以下山的落日衬托。

图 **54** 显示的是属于典型的日本风格的瓷盘，如果你看到它的底部，也许你会大吃一惊——纹章被绘制在了底部（图 **55**）。这种瓷盘非常罕见。瓷盘所有者的叔叔在当时是总理。我们推断这个瓷盘是在 1752 年制作的，那一年，他的弟弟正好作为船长在广东。

还有两件非常特别的纹章瓷，美国商人本·杰姆尼·多林（Ben Jamin Torin）订制的这个瓷盘，乍看不像是纹章瓷（图 **56**）。瓷盘中有一位仕女在卷轴上绘制纹章，而另一位仕女则手持卷轴（图 **57**）。图中的人物全都是女性，而绘制的纹章也是代表女性的菱形钻石式样，由此推断这是为另外一位女性而绘制，而这个女性正是这位英国商人本·杰姆尼的母亲，他于 1755 年到过广州，并为其母亲订制了这套茶具。

一个小小的托盘（图 **58**），上面有郝耐尔（Horner）家族的纹章，

54　沃波尔（Walpole）家族的纹章瓷盘（正面）（左上）

55　沃波尔家族的纹章瓷盘（底部）（右上）

56　多林家族的纹章瓷盘（左下）

57　多林家族纹章瓷盘局部（右下）

58　郝耐尔家族的纹章瓷盘（左上）

59　林奇家族纹章马克杯（右上）

60　马克杯上的公鸡（左下）

61　马克杯上的母鸡（右下）

画在树枝下，树枝上还有一只飞鸟，纹章看起来像一个鸟笼。瓷盘中有一位中国家庭的男主人在喝茶。

最后展示的一件瓷器是我的最爱，也属于我本人的私人收藏。这是一个小小的马克杯（图 **59**），也是为结婚而定做。它是为约翰·林奇（John Lynch）男士和玛丽（Mary）女士而定做的。对于我而言，这个小小的马克杯展示了西方文化的礼仪（上面有纹章），同时又展现了东方艺术的魅力——杯子一侧站着一只很帅的公鸡（图 **60**）在啼叫——而在杯子的另一侧则有一只美丽的母鸡在回应（图 **61**）。